물류가 온다

물류가 온다

초판 1쇄 펴낸날 2022년 11월 25일
초판 2쇄 펴낸날 2023년 2월 3일

지은이 박철홍
펴낸이 양승윤

펴낸곳 (주)와이엘씨
주소 서울특별시 강남구 강남대로 354 혜천빌딩 15층
전화 02-555-3200
팩스 02-552-0436
출판등록 1987. 12. 8. 제1987-000005호
홈페이지 http://www.ylc21.co.kr

값 18,000원
ISBN 978-89-8401-256-1 03320

• 영림카디널은 (주)와이엘씨의 출판 브랜드입니다.
• 소중한 기획 및 원고를 이메일 주소(editor@ylc21.co.kr)로 보내주시면, 출간 검토 후 정성을 다해 만들겠습니다.

LOGISTICS IS COMING

4차 산업의 모든 기술이 집약되는 산업

기업이 물류에 눈을 돌린다

물류 로봇업계 날아오르다

저 바다가 육지라면!

물류가 온다

박철홍 지음

모든 물류는 로마로 통한다

물류 자동화 시스템

전쟁이 키워낸 컨테이너

영림카디널

차례

CHAPTER 2
물류, 세계 경제의 중심에 서다

CHAPTER 3
물류 혁신,
미래 경제를 주도하다

프롤로그

사무실 창문 밖으로 거대한 컨테이너들이 보인다. 그 너머 바다 위에는 컨테이너들을 잔뜩 실은 컨테이너선이 있다. 이제 곧 출항을 앞둔 컨테이너선이 햇빛을 받고 서 있는 모습은 웅장하면서도 가슴을 뛰게 하는 무언가가 있다. 저 거대한 배는 이제 곧 바다를 가르며 세계로 나아갈 것이다. 내가 물류업에 뛰어들게 된 것은 운명과도 같았다.

2010년 봄.

동방해운에서 20년 이상 근무하시던 분을 우연히 만나게 되었고,

그분을 통해 부산 신항은 앞으로 크게 변화를 가져올 거란 이야기를 들었다. 사실 그때만 해도 물류가 뭔지 잘 몰랐지만 무작정 사업을 하고 싶은 열정으로 바로 다음 날 찾아가서 직접 부산 신항 전체를 둘러봤던 기억이 난다.

그 후 12년 동안 용성씨엔에어와 용성유로지스를 차례로 설립하고 지금의 복합물류회사를 운영하게 되었다.

많은 시간 여러 분들의 도움으로 이렇게 달려오면서 물류업에 뛰어들려는 후배들에게 도움을 주고 싶었다. 나 또한 좀 더 이 분야에 대해 공부를 해야겠다는 생각도 하게 되었다. 그래서 자료를 찾고 책을 찾아보았다. 그러나 아주 전문적인 서적이거나 시험 공부용 책 이외에 물류에 대해 궁금해하는 일반인들이나 물류업을 시작하려는 사람들이 쉽게 읽고 이해할 만한 책이 없었다.

그런데 코로나19 팬데믹을 겪으면서 물류 산업의 패러다임이 바뀌는 일이 생겼고, 모은 자료들을 기록으로 남겨야겠다는 생각을 했다. 물류 관련 일을 하고 싶은 후배들이나 일반인들이 참고할 만한 책이 될 것이란 확신이 생겼기 때문이다.

나는 지금, 물류업의 미래를 보고 있다.

물류업은 세계 경제를 흐르게 하는 힘이다. 그럼에도 불구하고 늘

경제의 중심이라기 보다는 그 주변에 위치해 있었다. 그런데 시간이 흐를수록 물류업이 세계 경제의 중심으로 다가가기 시작했다. 제조, 기술업과 함께 그 중요성이 점점 부각되고 있는 것이다.

현재 물류 기업들은 가장 큰 호황을 맞이하고 있는데, 이런 현상은 당분간은 계속될 것 같다. 실제로 영국 해운 컨설팅업체 드류리는 2021년, "향후 2년간 선사 우위 시장이 계속될 것으로 예상한다"면서 "선사들이 고수익을 지속할 것"이라고 전망했다. 실제로 국내 컨테이너선사인 HMM은 2021년 1분기 영업이익이 1조 193억 원이었고, 매출은 무려 85% 증가해 2조 4,280억 원으로 집계됐다.

또, 올해 1분기 매출은 4조 9,187억 원, 영업이익은 3조 1,486억 원을 냈다. 지난해 1분기보다 매출이 103% 늘어나는 동안 영업이익은 209% 증가하면서, 영업 이익률이 64%에 달했다. HMM은 6개 분기 연속 최대 실적을 경신했다. 그리고 HMM은 지금도 계속적인 만선을 이어가고 있다. HMM의 1만 6,000TEU급 초대형선 1호 '누리호'가 이달 초 통상 최대 선적량인 1만 3,300TEU를 넘는 1만 3,438TEU를 싣고 만선으로 유럽을 향해 출항했다. 2만 4,000TEU급 컨테이너선 12척은 32항차 연속 만선을 기록했으며 34항차부터 최근 37항차까지 또다시 만선 행진을 이어가고 있다.

2020년 1분기 4400만 달러의 영업이익을 기록했던 중국 최대 컨

(사진: 연합뉴스)

테이너선사 코스코해운은 2021년 1분기에는 매출액은 79.6% 상승, 순수익은 5000.6% 상승했다.

독일 하팍로이드(Hapag-Lloyd)는 올해 1분기 매출 90억 달러(약 11조 5,000억 원), 세전 이익(EBIT) 48억 달러(약 6조 2,000억 원)로 세전 이익률이 53%였다. 일본 오션네트워크익스프레스(ONE)는 2021 회계연도 4분기(올해 1월~3월) 매출 84억 달러(약 10조 8,000억 원), 세전 이익 52억 달러(약 6조 7,000억 원)로 집계됐다. 세전 이익률이 62%였다. 요즈음 물류업계에서는 '판사, 검사 위에 선사'라는 농담도 돌고 있다.

바로 이러한 때, 물류의 시작부터 오늘날의 모습까지 돌아볼 필요가 있다고 생각한다. 그래야 미래를 꿈꾸고 설계할 수 있기 때문이다. 특히 이 책을 쓰면서 우리나라 물류업이 어떻게 발달해 왔으며 현재 어떤 위치에 있는지 살펴보는 데 노력을 기울였다. 미래를 향해 나아가는 세계 물류 산업을 돌아보는 작업은 심하게 가슴 뛰는 행복이었다. 이제, 독자들은 기술의 발달이 물류의 발달을 이끌고, 세상을 변화시키는 모습을 이 책을 통해 확인할 수 있을 것이다.

물류 대란,
세계 경제 흐름을
바꾸다

우리 코앞에 온 물류

오전 11시 30분. 47세 박세준 씨는 컴퓨터로 서류를 작성해 회사에 전송하고 곧바로 핸드폰으로 점심을 주문한 뒤, 떨어진 커피 원두와 키친타월을 온라인 마켓에 주문한다. 주문 버튼을 누르자마자 엊그제 회사 후배가 아기를 낳았다는 소식이 떠올라 작은 꽃다발과 아기 선물을 핸드폰 앱을 통해 보낸다. 그때, 아파트 현관에서 점심 식사 배달이 도착했다는 벨이 울리고 점심을 받아들자마자 아내가 캐나다 마켓에서 구입한 건강 보조 식품이 저녁에 도착할 거라는 메시지를 받는다. 이 건강 보조 식품은 원두, 키친타월과 함께 퇴근하는 아내가 문 앞에서 갖고 들어올 것이다.

이 모든 일이 박세준 씨가 운전을 해서 마트에 가 주차를 하고 카
트를 밀고 물건을 고르고 계산하고 트렁크에 실어 다시 운전을 해서
돌아오는 일 없이 단 몇 분 만에, 간단한 손가락의 움직임으로 이루어
졌다. 박세준 씨의 아내는 캐나다 약국에서 판매하는 건강 보조 식품
을 비행기 시간표를 알아보고, 좌석을 결제하고 공항에 가서 13시간
을 비행하지 않고도, 또는 캐나다에 사는 언니에게 부탁하지 않고도,

단 며칠 만에 집 앞에서 받아 들게 될 것이다.

　도대체 이런 기적 같은 일들은 모두, 어떻게 이루어지는 걸까? 우리가 단 몇 분 사이에 해낸 이 많은 일들을 실질적으로 이뤄내는 것은 무엇일까?

　그건 바로 물류다.

　'물류'라고 하면 사실 기업들과 관련된 일이지 개인과는 상관없다고 생각하기 쉽다. 뉴스에서나 가끔 나오는 단어랄까? 하지만 그렇게 생각하기에 물류는 우리도 모르는 사이에 우리 삶에 굉장히 깊숙이 들어와 있고 또, 우리 삶을 상당히 바꿔 놓았다. 이제, 바로 우리 코앞에 와 있는 물류를 이해해야 변화하는 우리 삶을 이해하고 다가올 미래를 예측할 수 있게 된 것이다.

　이런 물류에 대해 이야기하기에 앞서, 우리가 현재 가장 많이 듣고 있는 단어 중 하나인 '물류 대란'에 대해 먼저 이야기해 보겠다. 다양한 물류 대란 사태를 통해 물류가 무엇인지, 우리 삶에 어떤 영향을 미치고 있는지 많은 부분 파악할 수 있을 것이다.

물류 대란이 무엇일까?

당분간 맥도날드에서는
감자튀김을 먹을 수 없습니다

2021년 가을, 우리는 맥도날드의 배달 앱에서 감자튀김을 주문할
수 없었다. 이유는 미국에서 들여오는 냉동 감자튀김을 수입하지 못
했기 때문이었다.

'해상 운송이 불안정하여 일시적으로 프렌치프라이의 수급이 어렵습니다.'

얼마 후, 양상추까지 수입이 안 됐고, 맥도날드는 일시적으로 양상추를 뺀 햄버거를 팔아야 했다. 양상추 부족은 서브웨이나 버거킹에까지 영향을 미쳤고, 심지어 샐러드 판매까지 중단하는 사태가 벌어졌다. 2022년에도 여러 프랜차이즈 햄버거 가게에서 감자튀김을 판매할 수 없다는 문구를 종종 확인할 수 있었다.

그런데 이런 물품 부족 문제는 패스트푸드 업계에만 일어난 게 아니었다. 자동차 한 대를 사려면 최소한 몇 달을 기다려야 했고 새로 나온 최신 휴대전화 역시, 없어서 살 수가 없었다.

이것은 우리나라에만 국한된 사태가 아니었다. 영국은 우유가 부족해서 맥도날드에서 밀크셰이크를 20일 동안 팔지 못했고, 미국은 대형 마트에서 휴지와 생수 같은 생필품의 1인당 구매 수량을 제한했다. 문구류 선반은 아예 비어 있었다. 뉴스에선 기자가 텅 빈 대형 마트의 진열대를 보여주며 이러다 12월엔 산타클로스가 못 올 수도 있겠다는 슬픈 소식을 전했다.

도대체 무슨 일이 벌어진 걸까? 전쟁 중인 것도 아니고, 돈만 있으면 뭐든지 바로바로 살 수 있는 자본주의 국가에서, 과학의 발달로 화성까지 탐사선을 보내는 21세기에, 미국에 있는 냉동 감자튀김이 대한민국까지 올 수 없는 이유가 도대체 무엇이었을까? 자본주의의 상징인 미국의 대형 마트 선반이 텅텅 비게 된 이유가 도대체 뭐란 말인가? 여러 가지 복합적인 이유가 있었지만 가장 큰 이유는, 물류 대란 때문이었다!

'물류 대란'이란, 물건이나 서비스의 흐름이 원활히 이루어지고 있지 않은 상황을 뜻하는 것인데, '대란'이란 단어가 붙을 정도로 상황은 심각했다. 2021년의 물류 대란은 전 세계적인 현상으로 전 세계 공급망에 큰 차질이 생겼고 이는 물가 상승을 초래했다. 이런 사상 초유의 물류 대란은 왜 일어난 것일까? 그것은 바로 공급 부족, 그리고 물류의 막힘 때문이었다.

2020년 전 세계를 강타한 코로나19 팬데믹은 사실 우리 삶의 패러다임을 바꾸어 놓았다고 할 만큼 모든 영역에 있어 지대한 영향을 미쳤다. 경제 분야에 있어서도 거의 모든 업종에 있어 막대한 손해와 피해를 입혔는데, 특히 1, 2차 산업인 제조 및 생산 업종은 말 그대로 '폭망'했다. 대면 활동이 어려워지면서 소비가 급격히 감소한 것이 가장 큰 원인이었다. 하지만 2021년은 좀 달랐다. 백신이 개발되고 많은 나라들이 백신 접종에 속도를 내면서 하반기에는 소비가 조금씩 살아나기 시작했다.

또, 많은 나라들이 위드 코로나(With Corona19)를 선포하자 억눌렀던 소비 심리가 폭발했다. 그러나 공급이 소비를 따라잡지 못한 것이 문제였다. 코로나19 팬데믹으로 인해 인원 감축과 생산 설비 감소로 생산성이 현저히 떨어져 있던 제조 생산업체들은 폭발적으로 증가한 소비량을 감당해 내지 못했다. 또 제조 생산업체의 공장들이 대거 몰려 있는 개발도상국가들은 아직 백신 접종이 많이 이루어지지 못해 공장을 풀가동하지 못했다. 그렇게 공급난이 시작되었다. 그러나 공급난은 시작에 불과했다.

저 바다가 육지라면!

어찌어찌 공급을 맞춰도 이번엔 물류가 막혀 있었다.

첫 번째, 물류의 가장 중요한 부분인 해상 운송에 문제가 생겼다. 원인은 항만 노동자 부족. 코로나19 팬데믹으로 항구가 폐쇄되었을 때 수많은 항만 노동자들이 일자리를 떠나야 했다. 그런데 그 빈자리가 아직 채워지지 않은 것이다. 항만 노동자들의 다수를 차지하고 있던 외국인 노동자들은 국경 봉쇄로 아직 제자리로 복귀하지 못했고, 자국민 노동자들은 이미 다른 일자리를 구했거나 코로나19 팬데믹 지원금에 의존해서 살았다.

이로 인해, 보통 바다에서 이틀 정도 기다렸다가 항구로 들어와 물건을 내렸던 화물선들이 바다 위에 며칠씩 떠 있어야 했다. 항구에 도

착해도 물건을 내릴 노동자가 부족했고, 이 물건들을 육지로 실어 나르를 트럭 운전사도 없었기 때문이었다.

그렇다보니 공(空) 컨테이너도 부족했다. 공 컨테이너는 화물을 모두 내리고 텅 빈 상태가 되어야 다시 전 세계를 돌며 수출품들을 실어오는데, 컨테이너를 비워줄 인력이 부족하니 컨테이너가 부두에 쌓이고 장시간 방치되는 사태가 벌어졌다. 반대로 수출을 하려는 나라들은 컨테이너가 부족해 물건을 실어 보내지 못했다. 물건의 흐름이 막혀버린 것이다.

미국은 실제, 이런 사정으로 인해 미국 내 해상 물류의 40%를 담당하는 로스앤젤레스와 롱비치 항구가 막혀서 바다에서 기다리는 화물선이 75개에 육박한 적이 있었다. 이로 인해, 항만 물동량이 기존의 70%대로 뚝 떨어졌다. 이에 바이든 대통령이 항만 물류난을 해소하기 위해서 직접 해결에 나섰고, 로스앤젤레스와 롱비치 항을 주 7일, 24시간 체제로 운영할 것을 선포했다. 또 물류 업체들도 근무시간을 연장하기로 했다. 그 외에도 컨테이너를 장시간 쌓아둘 경우, 벌금을 부과하는 등 문제 해결 방안을 여러 가지 내놓았지만 물류난은 여전히 잘 해소되지 않았다.

두 번째, 육상 물류도 정체가 생겼다. 바다 위에서 물건을 내리기만 기다리고 있던 배들은 '저 바다가 육지라면'을 외쳤을지도 모르겠지만, 육지의 사정도 만만치 않았다. 이 역시 노동자의 문제였다. 물품을 날라줄 트럭 기사가 부족했던 것이다. 특히 운송업에 있어 외국인 노동자의 의존율이 높은 미국이나 영국 같은 국가들은 공장에 재고가 쌓여도 마트에는 제품이 없어 못 팔았다.

공급이 안 되니 당연한 수순으로 물가가 올랐다. 코로나19 팬데믹 초기에 사람들의 사재기 현상으로 생필품 대란을 겪었던 미국과 영국이 이번엔 물류 대란으로 물가가 천정부지로 치솟는 상황에 놓였다. 특히 미국은 2021년, 물가가 13년 만에 최고치로 상승했다. 영국은 기름을 실어 나를 트럭 운전사들이 없어서 주유소에 기름이 없는 지경에까지 이르렀고, 출퇴근하는 시민들은 발을 동동 구르며 기름을 찾아 헤매는 사태가 발생했다. 이렇게 해상 운송의 문제와 육상의 물류 정체가 겹치면서 전 세계적으로 물류난이 지속되었다.

요소수 대란의 핵심

전 세계적인 물류 대란은 도미노처럼 우리나라에도 영향을 미쳤다. 우선 미국 항만의 최악의 물류 대란으로 축산업계가 비상에 걸렸다. 우리나라는 사료의 대부분을 미국에서 수입하고 있었는데, 수입량이 평소의 20% 수준까지 하락했다. 수입 신선 식품들의 가격은 평균 10~15%가 올랐고 반도체가 있어야 만드는 자동차 산업은 반도체 부족으로 출고까지 1년이 걸리게 되자 줄줄이 주문이 취소되는 아픔을 겪어야 했다. 그중에서도 하이라이트는 요소수 품절 현상이었다.

2021년 하반기를 뜨겁게 달구었던 요소수 품절 대란. 사실 경차 소유주와 몇몇 관련 업종자가 아니고는 대부분이 요소수의 존재 자체를 몰랐을 것이다. 그런데 알고 보니 요소수는 우리 삶 곳곳에서 중요한 역할을 하고 있었다. 화물차뿐 아니라 일반 디젤엔진을 사용하는 많은 차량에 요소수가 들어가는데 우리나라는 점점 디젤 차량의 비중이 높아지고 있다. 2021년 위키백과에 보면 '대형 화물차에 주로 적용되었던 디젤 방식이 점진적으로 현대 마이티 등의 중형급, 심지어 2020년식 현대 포터, 기아 봉고, 현대 스타렉스(현대 스타리아) 등 소형급 차량에까지 적용되며 확대되고 있다'고 한다. 뿐만 아니라, 요소수를 만드는 요소가 필수적으로 들어가는 비료도 있었다. 비료의 생산이 늦어지면 작황이 늦어져 밥상 물가가 올라갈 터였다.

이렇게 주로 농업용, 디젤 차량용, 산업용으로 쓰이는 요소는 경제성 때문에 2011년 이후로는 국내 생산을 하지 않고, 100% 수입에 의존하고 있었다. 그중에서도 97.6%를 중국에 의존했기 때문에 중국이 요소수의 생산과 수출을 통제하자 우리나라는 일시적으로 품귀현상이 일어나는 등 매우 큰 타격을 입게 되었다.

그렇다면 중국은 왜 요소수 생산과 수출을 통제했을까? 중국의 요소는 석탄에서 생산해 내는데, 2021년 중국은 각 성마다 수천만 톤의 석탄 생산량을 감소시켰다. 그 이유는 중국이 2021년 베이징 동계 올림픽을 앞두고 친환경 올림픽을 표명하며 '푸른 하늘 계획(청천계획)'을 시작했고, 이를 위해 시진핑 주석이 2020년 9월, 유엔 총회에서 2030년까지 탄소배출 감소세 전환, 2060년 탄소 중립을 약속했기 때문이다. 이런 이유로 중국 내 석탄이 부족해지자, 중국 정부가 석탄과 더불어 요소 등 석탄으로부터 만들어지는 물질의 생산과 수출을 통제했다.

사실 지구 환경에 큰 부분 영향을 미치고 있는 중국이 석탄 생산을 줄인다는 사실은 상당히 반가운 일이다. 다만 염려되는 것은 우리나라에 요소수가 필요한 화물차가 상당히 많다는 점이다. 언론매체의 보도에 따르면 우리나라 디젤 화물차의 60%가 요소수를 필요로 한다고 한다. 그런데 이 화물차량들이 요소수가 없어서 멈추게 되면 국내 물류 대란이 가속화된다. 요소수 대란 염려의 핵심은 이것이다.

'Oh, my god!' 2021년 커피 대란

2005년, 한 주간지에 값비싼 스타벅스 커피에 빠진 20~30대 여성들에 대한 특집 기사가 실렸는데 그때 '된장녀'라는 단어가 생겨났다. '된장녀'는 경제적 능력이 없는데도 웬만한 한 끼 밥값에 해당하는 스타벅스 커피를 즐겨 마시는 여성을 비꼬는 말로, 2006년엔 야후 코리아가 조사한 인터넷 신조어와 유행어 1위에 올랐다.

그런데 세월이 바뀌어 이젠 굉장히 많은 사람들이 밥을 먹고 나면 으레 스타벅스를 비롯한 4000원이 훌쩍 넘는 브랜드 커피를 아무렇지도 않게, 자연스럽게 마시고 있다. 하루 한 잔 이상, 커피를 마시는 게 그냥 우리의 일상이 되어버린 것이다. 더구나 우리나라는 '얼어 죽어도 아이스 아메리카노, 얼죽아아'를 마시는 민족이 아닌가? 또, 많은 사람들이 '우리가 혈액에 커피를 수혈 받는 민족'이라는 표현을 사용한다. 그만큼 우리나라의 커피 사랑은 정말 세계적이라 할 수 있다. 그런데 Oh, my god! 2021년에 커피 대란이 일어났다.

2021년 커피 대란은 2020년부터 전 세계 커피 원두의 가격이 비정상적으로 상승해 커피 가격도 급상승하고, 곳곳에서 커피가 부족해진 현상이다. 커피 원두의 가격이 얼마나 올랐나 하면 평균 90달러 선에서 거래되던 가격이 2021년엔 무려 220달러를 돌파하며 2배가 훌쩍 넘어 버렸다. 이는 2013년 이후, 8년 만에 최고치를 갱신한 것이다.
도대체 왜 이런 일이 벌어진 것일까?

(사진: 연합뉴스)

이 사태를 파악하기 위해서는 일단 우리가 사랑하는 커피 원두의
생산에 대해서 간단히 알아둘 필요가 있다. 커피는 커피벨트라고 불
리는 아열대 지방에서만 자란다. 이에 속하는 나라가 바로, 커피 하면

떠오르는 나라들, 브라질, 에티오피아, 콜롬비아, 베트남 등이다. 전 세계에서 하루에 10억 잔 이상이 소비되는 커피가 이렇게 한정적인 나라들에서 자라는 것이다.

현재 전 세계에서 생산되는 커피 원두의 대부분은 아라비카와 로부스타로 이 두 커피 원두가 약 6:4의 비율로 시장을 점유하고 있다. 아라비카 원두의 대부분은 브라질과 콜롬비아에서, 로부스타 원두의 대부분은 베트남에서 생산하고 있다. 아라비카 품종은 전 세계 공급량의 60%를 책임지는데, 특히 브라질은 전 세계 커피 원두의 30%를 만들어 내고 있다. 그런 브라질에 2020년, 이상기후로 대가뭄이 시작되었다. 그것도 장기간 지속되었다. 90년, 아니 100년 만의 최악의 가뭄으로 인해 마실 물조차 부족해졌고, 커피나무들은 점점 말라 죽어 갔다. 그러다 2021년 7월, 이번에는 말도 안 되게, 뜬금없이 비극적인 한파가 몰아닥쳤다. 기온이 영하권으로 뚝 떨어지고, 열대작물인 커피나무가 우수수 죽어갔다. 그 결과, 2021년에는 2020년에 비해 브라질 커피 생산량이 25% 감소했다.

그렇다면 전 세계 커피 생산량 2위를 기록하는 콜롬비아의 상황은 어땠을까? 콜롬비아는 브라질과 반대로 말도 안 되는 폭우가 쏟아졌다. 이 역시 이상기후가 원인이었는데, 이 장기간의 폭우로 커피나무에서 원두가 떨어져 버리는 건 물론이고, 커피나무 전염병까지 돌았다. 전 세계 아라비카 원두 생산량의 4분의 3을 책임지던 브라질과 콜롬비아, 두 나라의 사정이 이렇다 보니 커피 원두의 공급 부족 사태가 생겨날 수밖에 없었다.

그렇다면 커피 원두의 또 하나의 축인 로부스타를 가장 많이 생산하는 베트남의 상황은 어땠을까? 베트남에는 다행히 이상기후 현상이 없었다. 그러나 코로나19 팬데믹의 영향이 막대했다. 베트남 정부는 코로나19 확산을 억제하기 위해 강력한 락다운을 실시했다. 이로 인해 커피 원두를 딸 사람과 운반할 사람이 부족해졌다. 커피 원두는 손으로 따야 하는데 인력이 부족하다 보니 인건비가 높아지고, 운송비도 높아지면서 원두 가격이 상승했다. 설사 원두를 따고 운반할 사람을 구했다 해도 도시 봉쇄령으로 물자 이동이 불가능했다. 베트남도 물류 대란으로 2021년 7~8월 국가 물류가 막혀버렸고 커피 수출량은 급감해서 10%씩 줄어버렸다. 결국 로부스타 커피 원두 시세도 아라비카와 마찬가지로 7~8월부터 급상승했다.

그리고 모든 커피에 적용되는 문제가 있었으니, 그것은 바로 전 세계 물류 대란이었다. 물류 대란으로 인해 전 세계의 커피 원두 운송에 체증이 생겼고, 운송비가 엄청나게 상승하면서 커피 원두 가격 급상승에 힘을 보탰다.

그렇다면 앞으로는 어떨까? 별로 좋은 소식은 아니다. 향후 5년간,

커피값은 계속 오르면 올랐지 내리지는 않을 것이다. 일반적으로 커피나무는 3~5년 된 나무들이 좋은 원두를 만들어 낸다. 그런데 이번에 브라질과 콜롬비아에서 1~2년 된 어린 나무들이 대부분 죽었다. 그렇다면 향후 몇 년 간은 맛있는 커피 생산이 어렵게 되는 것이다. 이를 예측한 커피 업체들과 투자자들이 너도 나도 커피 원두를 사들이기 시작했다. 이렇게 해서 원두 가격이 급상승한 것이다. 이미 2022년 1월 13일에 글로벌 커피 브랜드 스타벅스가 7년 6개월 만에 4,100원이던 아메리카노의 가격을 4,500원으로 인상했다. 라떼는 4,600원에서 5,000원으로 가격이 뛰면서 4천 원대가 무너졌다. 이제 정말 커피값이 밥값을 뛰어넘는 세상이 올지도 모르겠다. 정말 '오, 마이, 갓'이다!

대한민국 물류가 꿈틀거리고 있다!

코로나19 팬데믹 시기
흑자를 기록한 대한항공의 기적

이렇게 물류 대란으로 경제 여러 분야에서 기업들은 기업들대로, 소비자는 소비자대로 많은 어려움을 겪게 되었다. 지난 2, 3년간, 코로나19 팬데믹으로 많은 중소기업과 소상공인들이 연쇄 폐업 사태를 맞았고 중견 기업들도 크게 휘청이며 부도가 나는 사례가 빈번했다. 그중에서도 여행객이 끊겨버린 항공업계는 그야말로 부도 초읽기 상황이었다.

인천공항과 김포공항은 텅 빈 유령의 집처럼 썰렁했다. 덩치 큰 비행기들이 하루 200만 원이 넘는 정류료(공항 주차비)를 내고 공항에 멈춰 서 있었다. 비행기의 주차 비용은 무게에 따라 정해지는데, 500명 정도를 태울 수 있는 커다란 국제선용 항공기를 10대 보유하고 있는 대한항공은 한 달에 정류료만 7억이 넘게 내고 있었다. 우리나라 항공사의 양대 산맥이었던 대한항공과 아시아나는 뿌리부터 흔들리기 시작했다. 결국 오랜 자금난을 겪고 있던 아시아나는 매각이 결정되었고, 대한항공 역시 창업주 조양호 회장의 별세로 회사의 운명이 바람 앞의 등불과 같았다. 그런데 대한항공에 기적이 일어났다!

2020년 6월 11일 오전 10시 40분, 대한항공 직원들이 인천공항을 출발해 미국 시카고로 향할 여객기 KE037 편에 방염포장용기(Cargo Seat Bag, CSB)를 장착했다. 이 CSB는 기내 좌석에 짐을 실을 수 있도록 특별 포장된 별도의 가방인데, 좌석은 그대로 놓고 그 위로 플랫폼 같은 시트 백을 올린 다음 화물을 쌓아 올리는 방식이다. 여객기 B777-300 1대에 최대 67개의 CSB를 실을 수 있고, CSB는 1개당 225kg 가량의 화물을 담을 수 있다. 화물을 다 싣는 데는 3시간이 걸리는 작업이었다. 이날 대한항공은 여객기를 통해 마스크 167만 장을 운송했다.

대한항공은 23대의 화물기를 가지고 있다. 그런데 코로나19로 멈춰 서 있는 여객기로도 화물을 실어 날라야만 영업이익이 날 수 있다는 생각에 여객기에도 화물을 싣자는 아이디어가 나왔고, CSB를 활용하면서 적극적으로 화물 수송 사업을 강화했다. 그 결과 대한항공은 2020년 전 세계 항공사에서 유일하게 흑자를 기록했다! 글로벌 대형 항공사 중에서 2020년 2분기부터 5분기 연속 영업흑자를 기록한 항공사는 대한항공이 유일무일하다. 대한항공이 '위드 코로나' 시대에 하늘 높이 날아오른 것이다!

이런 기적은 불황을 이겨내고자 했던 아이디어를 적극적으로 실행에 옮긴 결과였다. 이로 인해 대한항공은 27회 기업혁신대상 대통령상을 수상했다. '기업혁신대상'은 산업통상자원부와 대한상공회의소가 주관해 기업의 경영혁신 우수사례를 발굴하고 확산하기 위해 경영혁신 성과가 우수한 기업에게 수여하는 상이다. 대한항공의 여객기에 화물을 싣는 역발상 전략이 인정을 받은 것이다.

대한항공은 여전히 화물 수송에 전력을 다하고 있다. 대한항공은 보잉 777-300ER 여객기 두 대의 좌석을 떼어내 화물전용기로 개조한 뒤 화물 노선에 투입했다. 글로벌 주요 항공사들이 비용을 절감하기 위해 화물기 운항을 대폭 줄인 것과 상반된 상황으로, 세계 물류의 흐름을 정확히 파악하고 실행에 옮긴, 전략적인 방향 전환이었다고 할 수 있다.

대한항공과 더불어 아시아나도 발 빠르게 움직였고 이제 그 뒤를

(사진: 연합뉴스)

LCC(저가 항공사)들이 따르고 있다. 국토부에 따르면 코로나19 팬데믹 여파로 2020년 1월~9월 LCC를 이용한 항공 여객은 3만 138만 명으로 지난해 같은 기간보다 약 66.2% 급감했다. 이로 인해 2020년 10월 기준 국내 여객기 363대 중 절반 가량인 187대가 멈춰 선 상태였다. 이에 국토부가 티웨이항공, 제주항공, 진에어 등 LCC에도 화물 운송을 승인했다.

여객기를 화물전용기로 개조해서 화물 운송을 시작한 것은 국내 저가 항공사 가운데 진에어가 최초였다. 2020년 진에어는 LCC 최초로 화물전용기와 CSB를 통한 화물 운송 서비스를 시작했다. 진에어는 2020년 10월 24일부터 인천~방콕 노선에 B777 여객기를 화물 전용으로 개조해 투입했다. B777 여객기 1대의 좌석 393석 중 372석을 제거하고 전자제품 약 2t 가량을 실어 날랐다. 10월 27일엔 칭다오 노선도 주 3회 일정으로 운항을 시작했다. 주요 화물은 의류, 전자부품, 마스크 소재 등이었다. 진에어는 또 화물 운송을 위해 CSB를 자체 제작했다. 이는 국산 방염천으로 제작한 첫 CSB로 해외 완제품보다 더 우수한 성능을 가지고 있었지만, 가격은 해외 완제품의 8분의 1수준이었다.

뒤를 이어 제주항공과 티웨이항공이 189석 규모의 B737 여객기의 객실 천장 선반과 좌석 위에 소형가전, 의류 원단, 액세서리류 등을 싣고 태국, 베트남 등으로 출발했다. LCC들은 화물 운송 승인에 따라 그해, 비행 편당 2천만~8천만 원, 항공사별로 2억 6천만~19억 원의 누적 매출액을 발생시켰다! 국내 최대 저가 항공사인 제주항공은 한 발더 나아가 2022년 상반기에 국내 LCC 최초로 화물기를 도입하기로했다. 화물 운송 사업 강화에 나서기로 한 것이다.

승객이 줄어들어 멈춰 있는 여객기에 승객 대신 화물을 실어 운행을 하는 항공사들의 탁월한 전략은 비단 멈춰 있는 항공기를 사용한다는 이득만 있는 것이 아니다. 화물 운송에 뛰어들면서 항공사들의 매출액이 크게 상승한 것은 항공화물 운임의 대대적 상승과 맞물린다. 항공화물 운임지수인 '티에이시(TAC) 지수'를 보면, 홍콩~북미 노선 항공화물 운임은 2020년 1월, 1kg당 3.1달러였는데 6월에 들어선 6.7달러로 가격이 뛰었다. 2019년에 비해서는 2배에 이르는 높은 운임이다. 그런데 또, 2021년엔 1kg당 9.96달러로 껑충 치솟았다. 정말 기록적인 상승률이다. 이렇게 항공화물 운임이 급상승한 것은 바로 앞에서 살펴본 것처럼 물류 대란 때문이다. 해운은 화물을 공급할 수 있는 배나 컨테이너, 항구가 모두 정해져 있기 때문에 넘치는 물량이 들어오면 항만 적체로 이어지고, 결국 처리가 어려운 화물들은 항공으로 넘어간다.

이제 코로나19 펜데믹이 엔데믹으로 전환되고 있는 시점이다. 하지만 코로나가 언제 끝날지도 모르고 주기적으로 발생할 수도 있는 풍토병으로 전환되면서 또 다시 항공 산업에 한파가 닥칠지 알 수 없는 상황이다. 그러나 대한항공을 선두로 어려운 위기를 물류 사업으로 눈을 돌리는 아이디어로 해결한 항공사들의 행동력은 어떤 상황이와도 반드시 해결하고 대처해 나갈 것이라는 희망을 보여주었다.

HMM, 위기의 시대에 날아오르다!

그렇다면 바닷길을 달리는 상선들은 어떤 상황일까?

HMM은 코스피 29위로 시가 총액 13조 5,739억 원의 중견 기업이다. 1976년 3월에 설립되었고, 아세아상선에서 현대상선으로, 2020년에 HMM으로 사명을 바꿨다. 컨테이너와 벌크화물 운송 등의 글로벌 종합 해운 물류기업으로, 코스피에 1995년 10월 상장되어 2020년 12월 기준 매출액은 약 6조 4,100억 원이다. 2017년 2월, 국내 1위의 해운기업이던 한진해운이 파산선고를 받았을 때, 국내 2위의 현대상선도 어려움을 겪고 있었다. 현대상선은 2015년, 경영난 때문에 최대 주주가 한국산업은행으로 바뀌었다. 그러다 2017년, 5월 문재인 정부 출범시 정부는 "해운 강국 명성을 되찾겠다"는 선언과 함께 '해운 재건 5개년 계획'을 내놓았다.

수출 산업이 중요한 대한민국에서 해운산업이 몰락한다는 것은 외국과의 거래에 있어 불리한 입장이 되고, 막대한 타격을 입을 것이라는 정부의 판단에서였다. 해운산업에 한 줄기 빛이 비친 것이다. '해운 재건 5개년 계획'은 안정적인 화물 확보와 저비용, 고효율 선박 확충을 통해 당시 28조 원으로 떨어진 해운산업 매출액을 오는 2022년까지 51조 원으로 끌어올리고 물동량도 2배 이상으로 확대하겠다는 야심찬 계획이었다. 이에 정부는 당시 국내 1위 기업인 한진해운이 파산을 한 직후라, 당연히 원양선사이자 업계 2위였던 현대상선을 중심으로 해운 재건 계획을 꾸려나갔다.

특히, 당시 해외 해운선사들이 대형 컨테이너선을 앞세워 시장을 차지한 점에 주목, 이들과 경쟁하기 위해서는 국내 원양 해운선사들도 거대 컨테이너선이 필요하다고 판단했다. 그 당시 현대상선이 8,000TEU급 컨테이너선을 주력으로 투입할 때, 세계 1위 MAERSK(머스크) 선사는 1만 8,000TEU급 이상의 컨테이너선을 투입하고 있었다. 이 정도의 차이면 수익성 부분에서는 상대도 안 되는 것이었다. 따라서 '해운 재건 5개년 계획'의 가장 주요한 핵심은 컨테이너선의 규모를 대규모로 확대해서 세계 최대 크기 2만 4,000TEU급 12척, 1만 8,000TEU급 8척, 총 20척을 투입하는 것이었다.

이것은 기존 규모보다 2배에서 3배 가까이 확대된 것으로 굉장히 놀라운 투자였다. 싣는 물류가 늘어나지만 고정 비용은 비슷해 수십억 원에 달하는 막대한 운항 비용을 줄여 받아오는 이익을 극대화할 수 있었다. 이렇게 해서 물 밑으로 가라앉던 해운 사업이 서서히 수면 위로 떠오르는가 싶었다.

그러나 2020년 코로나19 팬데믹의 대재앙은 대기업인 현대상선에게도 상당히 큰 타격을 입혔다. 모든 분야의 경제활동이 얼어붙은 상황에서 바닷길은 말할 것도 없었다. 현대상선은 당시 배재훈 사장을 비롯해, 각 사업 별 총괄, 본부장, 실장 등으로 구성된 '코로나19 대응 비상 상황실'을 설치하는 등 위기 대응 프로그램을 가동, 리스크를 최소화하기 위해 총력을 기울였다. 그리고 2020년 4월엔 HMM(HYUNDAI MERCHANT MARINE)으로 사명을 바꾸고 새로운 시작을 알렸다. 바뀐 HMM의 로고는 해가 떠오르는 수평선을 가르며 전진하는 거대한 선박의 정면을 형상화한 것으로 미래를 향해 나아가는 HMM의 포부와 비전, 그리고 고객과의 동반 성장을 꿈꾸는 힘찬 의지를 표현했다고 한다.

그런데 놀랍게도 HMM이 2021년부터 2022년까지 엄청난 흑자를 기록하고 있다. 이건 또 대체 무슨 현상일까?

지난 2022년 4월 발표에 따르면, HMM은 지난해 50%가 넘는 영업 이익률을 보이며 코스피 상장사 중 가장 높은 영업 이익률을 기록했다. HMM의 4분기 영업이익은 2조 4,000억~2조 5,000억 원대로 예측됐다. 이는 전년 동기 대비 4배 증가한 수치로 3분기 기록했던 기존 최대 실적도 경신한 것이다. 매출 역시 전년 동기 대비 2배 이상 늘어난 4조 2,000억 원을 거둘 것으로 보인다. 도대체 HMM은 이 어려운 시대에 어떻게 이러한 매출 성과를 거둘 수 있었던 것일까?

이유는 바로, 글로벌 물류 대란으로 인한 해운운임 상승이다. 미국 항구의 항만 적체 현상으로 물류 병목현상이 발생함에 따라 해운운임이 상승했다. 2022년 3월 31일에는 해운운임 지표인 상하이 컨테이너 운임지수(SCFI)가 사상 최고치인 5046.66을 기록했다. 해운운임이 오르면 어떤 현상이 벌어질까?

예를 들어, 미국으로 700원짜리 라면 1개를 보낼 때 팬데믹 이전에는 미국 LA까지 15원에 보낼 수 있었다고 하면, 현재는 약 130원 정도에 보낼 수 있는 것으로 측정되고 있다. 컨테이너 한 대 기준으로 라면이 80,000개 정도가 적재 가능해서, 예전에는 100만 원에 보낼 수 있었던 것이 현재는 1,000만 원 이상 부담을 해야 보낼 수 있는 수준인 것이다. 이것도 운이 좋아 선적이 가능한 공간을 확보해야 가능하지만, 현재 1대도 예약이 어려운 게 현 상황이다. 그러므로 HMM은 앞으로도 당분간은 호실적을 기록할 전망이다.

한진해운이 살아남았다면

HMM이 이런 상황이다 보니, 물류 회사를 운영하고 있는 필자의 입장에서는 아무래도 세계 7위, 국내 1위였던 한진해운의 파산이 너무나도 애석하고 안타까울 수밖에 없다. 2017년 2월 2일, 선복량(배에 실을 수 있는 화물의 총량) 기준 국내 1위이자 세계 7위였던 한진해운이 파산절차에 돌입, 보름 뒤인 17일 파산했다. 이로써 대한민국은 2014년 선복량 점유율 4.7%를 기록하며 세계 순위 5위를 기록했지만 한진해운 파산 후, 그 여파로 순위가 하락해 2020년에는 점유율 3.9%로 7위를 기록하고, 그 후로는 순위는 그대로이나, 점유율은 계속 낮아지고 있는 추세다.

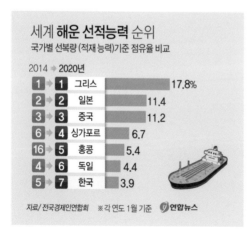

(출처: 연합뉴스)

사실 해운업은 호황과 불황이 주기적으로 찾아오는 업종이다. 그 과정에서 기업 간 인수합병이 빈번하게 발생하기도 하지만, 한진해운 정도 되는 규모의 해운사가 파산하는 경우는 글로벌 해운의 역사에서도 보기 드문 케이스에 해당한다. 화물의 주인인 화주의 피해와 물류난 발생, 국가 신인도 하락 등 파장이 적지 않기 때문에 우선 일단은 위기의 해운사를 살리고 난 후, 기업합병 등의 절차가 진행되는 게 일반적인 절차다. 그런데 한진해운은 너무나 쉽게 문을 닫았다. 도대체 어떻게 해서 대한민국 최고, 최대의 해운사가 그렇게 쉽게 무너졌을까?

우선 한진해운의 시작부터 잠깐 살펴보자. 한진해운은 대한 선주가 1987년 한진그룹에 매각된 후 같은 그룹 해운 계열사인 (구)한진해운과 합병해 설립된 회사다. 대한 선주는 해방 직후인 1949년 설립된 국영기업, 대한 해운 공사가 그 전신이다. 대한 해운 공사는 한-일 간 국제 정기항로를 최초 운항했고, 국내 최초 증시에 상장된 기업 중 한 곳으로도 알려져 있다. 그런데 이 기업이 대한 선주로 이름을 바꾼 후, 1987년에 한진그룹에 매각된 것이다.

그 후 한진해운은 승승장구하여 한국을 넘어 아시아를 대표하는 해운사가 되었다. 한진해운은 1992년 일본 오사카에 전용 터미널을 개장했고, 그 다음해엔 미주 전 지역 내륙화물 무서류 자동 통관절차

전산화를 구축했다. 1995년에는 아시아 최초로 멤브레인 형 LNG선을 취항했고, 거양해운과 독일 DSR-세나토를 인수하는 등 공격적 경영을 이어갔다. 그렇게 잘 나가던 한진해운이 위기를 맞이한 것은 2006년 고(故) 조수호 회장이 사망하고 2008년 그의 아내인 최은영 회장이 대표로 취임하면서부터이다. 당시의 상황에 대해서 관계자들은 이렇게 말했다. '최은영 회장은 업황이 호조를 보이자 대규모 선박을 잇달아 매입하며 사세 확장에 나섰다가 불황이 찾아오자 이를 감당 못 하고 알짜 자산을 차례로 매각했다. 또다시 찾아온 호황기에는 장기 용선(선박을 대절하는 것) 계약을 다수 체결했고 뒤이은 글로벌 경기 침체로 직격탄을 맞았다.'

그러나 한진해운 몰락에는 또 다른 요인이 있다. 2008년 미국발 금융위기 여파로 글로벌 물동량이 급감했다. 한진해운 뿐 아니라 전 세계의 해운업이 장기 불황에 빠졌다. 그러자 머스크나 MCM과 같은 글로벌 대형 선사들이 보유하고 있던 1만 8,000TEU급 초대형 컨테이너선을 통해 대대적인 저가 수주에 나섰다. 한진해운 같은 규모의 선사들은 어쩔 수 없이, 울며 겨자 먹기식으로 저가 수주를 해야 했고, 이러한 치킨 게임에서 큰 손실을 겪을 수밖에 없었다.

그렇게 해운업은 전반에 걸쳐 계속적으로 침체기를 겪었고, 2013년 무렵, 재계에서는 한진해운 법정관리 가능성에 대한 전망이 조심

스럽게 제기됐다. 결국 한진해운 경영권은 최은영 회장 손을 떠나 한진그룹으로 돌아갔고 고(故) 조양호 한진 회장은 회사 정상화를 위한 강도 높은 구조조정을 단행했다. 이에 한진해운은 흑자전환에 성공하며 회생 가능성을 잠시 보였으나, 결국 해운업 전반에 걸친 유동성 위기 장기화 여파를 버티지 못했고 경영권이 채권단에 넘어갔다. 그리고 정부는 한진해운과 함께 채권단 관리를 받게 된 현대상선 중 규모가 더 크고 글로벌 물류 네트워크도 잘 갖춰져 있어 생존 가능성이 크다 평가받던 한진해운 대신 현대상선을 살리는 결정을 내렸다. 경영진의 무능이었든, 권력의 개입이었든, 한진해운의 파산은 국내 물류업에 큰 타격을 입혔다.

한진해운 파산 당시 정부에서는 채권단 관리하에 있던 현대상선이 한진해운 물동량 확보 등 반사이익을 받게 될 것이라 기대했으나 그런 일은 일어나지 않았다. 한진해운 점유 물동량 대부분과 1억 TEU 이상 초대형 컨테이너선 및 핵심 인재 상당수는 머스크 등 해외 선사로 넘어갔다. 가장 중요한 것은 한국 해운업에 대한 국제 신인도가 한진해운 파산으로 급락했다는 것이다. 화주들은 한국 해운사에 대해 보이콧을 했다. 이 사태를 지켜보던 일본은 대형 해운사 3사가 컨테이너 부문 합병을 발표했고, 대만은 한진해운 사태를 거울삼아 자국 해운사에 대한 2조 2,000억 원 규모 지원을 결정했다. 2014년부터 정부

차원의 해운업 구조조정을 진행하던 중국은 한진해운 파산으로 최대 수혜를 입었다. 여러모로 우리는 모두 총력을 다해 한진해운의 파산을 막았어야 했다. 결국 한진해운의 파산과 함께 부산항 컨테이너 환적물량은 급감했고 국내 기업 중심의 물류 대란이 찾아왔다.

인수합병으로 규모를 키우는 물류 산업

한진해운이라는 거대한 해운사의 파산으로 물류 산업은 크게 휘청였다. 그리고 코로나19로 인한 무시무시한 팬데믹 상황이 2차로 물류 산업을 휩쓸고 지나갔다. 산업의 거의 모든 분야가 초토화될 정도의 거센 바람이었다. 그러나 세상 모든 일이 다 그렇듯, 이러한 심각한 위기는 그저 위기로만 끝나지 않았다. 인생사 새옹지마라고, 그 위기의 끝에서 물류 산업의 새로운 바람이 일어나기 시작한 것이다.

우선, 물류 산업의 전반적인 재구조화가 이뤄졌다. 그동안 기업 간의 물류 이동이 물류의 주 핵심이었다면 이제 전자상거래, 이커머스 같은 개인들의 물류활동이 활발해졌다. 이를 돕는 기업들이 등장하고 상상치 못할 만큼 놀랍게 성장했다. 또한 손으로 꼽을 수 있는 몇몇 대기업 중심이던 물류 산업에 용성 씨엔에어, 용성 유로지스 같은 중

CHAPTER 1 물류 대란, 세계 경제 흐름을 바꾸다

소기업들이 많이 등장하고 성장했다. 이 부분은 상당히 건강한 발전이라고 할 수 있다.

이러한 물류 산업 재구조화 과정에서 물류, 유통기업들의 인수합병(M&A) 움직임이 크게 눈에 띈다. 어려운 경제 상황 속에서도 대한항공이 아시아나 항공 인수를 발표했고, 2021년엔 오프라인 유통 강자인 신세계 그룹의 이마트가 국내 이커머스 거래액 기준 3위 이베이코리아(현 G마켓 글로벌-2008년에 이베이가 지마켓을 인수했다)를 약 3조 4천억 원에 인수해 이커머스 경쟁력 강화에 나섰다. 그리고 온-오프라인을 아우르는 유통 플랫폼으로서 '신세계 유니버스'를 구축하겠다는 전략을 선보였다. 그 시작은 역직구 시장 공략이다. 우리가 잘 알고 있고 한 번쯤을 해 봤을 직구는 국내 소비자가 해외에서 판매 중인 상품을 온라인에서 구입한 후 해외 배송을 받아 보는 것이다. 그런데 역직구는 반대로 외국인 소비자가 국내 판매자가 올린 상품을 구매하고 국내 판매자가 상품을 해외로 배송해 주는 것이다.

일찍이 역직구의 플랫폼을 열었던 최대 오픈 마켓 이베이코리아는 'eGS' 서비스(판매자들이 저렴한 가격으로 해외 배송할 수 있는 'eBay Korea Global Shipping') 프로그램을 정식으로 선보인 바 있다. 이는 이베이코리아가 전 세계 배송사와 운임 계약을 체결하여 절반 가격으로 해외 배송을 할 수 있게 하는 프로그램으로 해외로 상품을 판매하는 국내 중소 판매자들의 경쟁력을 강화시키는 것이었다. 또 이베이코리아는 배송 중 파손 시엔 일정 금액을 보상하여 셀러를 보호하는 'eGS 셀러 보호 프로그램'도 운영했다. 또 2008년에 이베이가 인수한 G마켓의 글로벌샵은 2006년 국내외 거주 외국인을 겨냥해 국내 이커머스 업계 최초로 설립된 역직구 플랫폼이다. 이러한 이베이코리아를 인수한 신세계 그룹은 G마켓 글로벌(구 이베이코리아)을 통한 해외 역직구 시장 영토 확장에 나섰다. 신세계그룹은 SSG닷컴을 활용, G마켓 글로벌샵에 SSG닷컴의 신세계백화점몰, 신세계몰의 패션, 뷰티, 가공식품 위주로 입점하였고, 취급 품목의 수는 총 965만 개에 이른다.

한편, 독일의 딜리버리 히어로(DH)는 배달의 민족을 운영하는 우아한형제들을 약 4조 8000억 원이라는 믿기 어려운 금액으로 인수하고 아시아 시장 공략에 나섰다. GS리테일은 GS홈쇼핑과의 합병을 통해 온, 오프라인 통합 커머스를 구성했고, 글로벌 패션 회사인 코웰패션은 SPC(종속회사)인 씨에프인베스트먼트를 설립하고 로젠택배를 3,400억 원에 인수했다. 이로써 코웰패션은 패션기업으로는 흔치 않게 물류사를 소유함으로써 탄탄한 전국 배송망을 갖게 되었다.

SK텔레콤의 모빌리티 자회사 티맵모빌리티는 화물차 중심의 '미들마일' 솔루션 기업 와이엘피(YLP)를 인수했다. YLP는 기업 간 화물 운송 '미들 마일'에 중점은 둔 기업으로 그동안 수기로 진행됐던 차량

수급, 비용정산 등을 전산화, 자동화했으며 인공지능(AI)을 통한 자체 알고리즘으로 최적 단가 등도 실시간으로 제공해 기업들의 물류비용 절감은 물론 업무 효율을 높이고 있는 회사다.

디지털 통합 물류 서비스 기업 로지스팟은 지난해 (주)티피엠로지스를 인수했다. 티피엠로지스는 전국 10여 개 지점과 물류센터를 운영하는 기업으로 인수를 통해 해운, 항공 수출입 물류부터 내륙 운송을 통한 기업 간 물류 서비스 '미들 마일'과 '라스트 마일'의 물류 운송 과정을 디지털화하고 최적화할 계획이다.

또한 1세대 이커머스 기업 '인터파크'는 2021년 12월에 '야놀자'에 인수되었다. 타 이커머스와 달리 공연 및 여행 예약 등의 강점으로 경쟁력을 유지했던 인터파크가 코로나19 팬데믹 여파로 수요가 급감하고 실적이 악화되어 매각 위기에 놓였었고, 인터파크만의 공연 및 여행 예약 강점이 높이 평가되어 야놀자에 매각되었던 것이다. 야놀자는 공연, 여행, 도서, 쇼핑 등 온라인 종합쇼핑몰이었던 인터파크의 사업 부문 지분 70%를 2,940억 원에 인수했다. 그러나 10개월 후, 숙박, 레저 분야의 사업에 집중된 야놀자는 인터파크의 쇼핑 사업 부문을 매각하기로 결정했다. 그리고 2022년 11월 4일, 관련 업계에 따르면 2022년 초, '티몬'을 인수한 '큐텐Qoo 10'(인터파크 창립 멤버이자 G마켓 창업자인 구영배씨와 이베이가 합작해 설립한 회사)이 인터파크의 쇼핑 부문 인수 작업에 나서, 2023년 1월 중 마무리할 계획이라고 한다.

전 세계가 코로나19 팬데믹으로 어려운 경제 상황에 놓여 있는 가운데 물류 분야의 투자와 인수합병이 늘어나는 것은 물류가 미래 산업에 있어 핵심 분야로 자리를 잡아갈 것이라 예측되는 부분이다.

기업이 물류에 눈을 돌린다!

국내 택배 시장의 50%를 차지하고 있는 국내 1위 물류 기업 CJ 대한통운은 창립 91주년이 되던 2021년, 신기술 기업으로의 변신을 위한 뉴비전을 선언했다. CJ 대한통운은 현재 폭발적으로 성장하고 있는 이커머스(전자상거래) 물동량을 소화하기 위해서 2023년까지 2년 동안 2조 5000억 원을 투자해 물류 센터를 현재의 여덟 배까지 추가 건설할 계획이라고 한다. 뿐만 아니라 자동화 기술 개발과 적용에도 대거 투자를 실시하여 CJ 대한통운의 핵심 연구개발(R&D) 센터인 'TES 물류 기술 연구소' 규모를 2023년까지 두 배 이상 키우고, 물류 처리량이 급증함에 따라 AI와 빅테이터, 로봇 기술을 적용해 업무를 자동화, 최적화할 수 있는 최고급 기술 인력을 800명 가량 확보할 계획이라고 발표했다.

사실 글로벌 물류사들은 수년 전부터 디지털 역량을 토대로 패러다임 변화에 발 빠르게 대응해 왔다. 우리가 잘 알고 있는 아마존도 무인 로봇 생산업체를 인수하는 등 물류 센터 자동화에 속도를 내고 있다. CJ 대한통운 역시 최고급 전문 기술 인력을 통해 로봇, 인공지능(AI), 데이터 등 첨단 기술을 빠르게 적용할 계획인 것이다. 또한 '빠른 배송' 경쟁의 핵심 기반인 풀필먼트 서비스 센터를 2023년까지 현재의 여덟 배 수준으로 확대하고 수도권에 핵심 거점 물류센터와 콜드체인 풀필먼트 센터를 추가해 촘촘한 이커머스 매트릭스를 구축할 것이라 한다.

풀필먼트 서비스란, 물류 전문업체가 물건을 판매하려는 업체들의 위탁을 받아 배송과 보관, 포장, 배송, 재고관리, 교환·환불 서비스 등의 모든 과정을 담당하는 '물류 일괄 대행 서비스'를 말한다. 이렇게 되면 현재의 '밤 12시 이전 주문시 익일 배송'에서 새벽, 당일 배송과 지정일 배송 등으로 풀필먼트 서비스가 개선될 것이다.

(주)한샘은 물류 분야에 꾸준하게 투자를 늘려오던 회사이다. 지난 2019년엔 익일배송 서비스를 시작했고, 물류 자회사인 (주)한샘서비스원의 택배 사업자 선정을 시작으로 익일배송 서비스 품목을 확대해 왔다. '가구는 갖다주는 날이 설치하는 날'이라는 관례를 깨고 고객이 원하는 날짜를 지정하면 그 날짜에 배송하고 설치해 주는 '내맘배

송' 서비스를 선보인 바 있다. 2022년 1월 사모펀드 IMM 프라이빗에 쿼티(PE)를 새 주인으로 맞은 한샘은 앞으로도 물류 부분의 투자가 이어질 전망이다.

LG 전자 자회사인 글로벌 차량용 조명회사 ZKW는 입고부터 조립까지 모든 과정이 자동화된 물류센터를 새로 구축하고 있다. 업계에 따르면 ZKW는 본사가 있는 오스트리아 비젤부르크에 1년 간의 공사 끝에 새 물류센터를 세우고 지난 2021년 10월 중순 본격 가동을 시작했다. 길이 80m, 너비 20m, 높이 21m의 복합 건물은 62,000개 컨테이너를 보관할 수 있다. ZKW는 빠른 시일 내 인근 공장의 모든 생산라인과 이 물류센터 시스템을 연계시키려 하고 있다.

ZKW 새 물류센터는 자동화 시스템을 갖춰 생산라인에 필요한 자재를 빠르고 효율적으로 공급하도록 설계되었다고 한다.(이하 'LG 자회사 ZKW, 자동화된 물류센터 구축…"생산성 강화"', 아시아경제, 2011.11.13 기사 참고) 또, 세계적인 물류장비 기업 데마틱의 '멀티 셔틀' 보관 시스템을 적용했다. 이 시스템은 롤러 운송 시스템을 적용해 창고에 있는 대부분의 컨테이너를 생산 라인으로 보낸다. 길이가 약 3km인 롤로 운송 시스템은 시간당 최대 1500개의 컨테이너를 보관하거나 움직일 수 있고 최대 0.8m/s (1초에 0.8미터) 속도로 종류만 190개가 넘는 컨테이너를 운반할 수 있다.

비젤부르크 공장은 새로운 물류센터 덕분에 앞으로 입고에서 생산에 이르는 전체 흐름이 완전히 자동으로 운영될 것이다. 그 결과 이제 생산 라인에서 자재를 요청한 시점부터 도착할 때까지 15분 이내가 될 것으로 예상된다.

또한 ZKW는 물류센터 업그레이드와 함께 사람과 협업해 일하는 협동로봇인 COBOT을 개발해 생산라인에 투입했다. ZKW는 약 1년 간의 개발 기간을 거쳐 차량용 헤드램프 생산 공정에 최적화된 산업용 로봇 COBOT을 개발했다. COBOT은 ZKW가 생산하는 헤드램프의 조립 작업에 사용되며 작업자와 자유롭게 직접 상호작용을 할 수 있어 생산력을 높여준다. ZKW는 이 로봇이 근로자의 작업을 더 쉽게 해줘 조립 속도를 20%까지 높여주는 것은 물론 생산 품질을 균일하게 해줄 것으로 기대하고 있다.

CHAPTER 2

물류,
세계 경제의
중심에 서다

이모저모로 살펴보는 물류

모든 물류는 로마로 통한다

    사전적 정의로 물류란 물(物)과 서비스의 효과적 흐름(流)을 의미한다. 쉽게 말해 생산자로부터 소비자까지, 물건이나 서비스의 흐름을 말하는 것이다.

    그렇다면 물류의 시작은 어떻게 될까? 기록에 의하면 1912년 미국의 경영학자 A.W. Show가 처음으로 유통활동의 구성요소로서 수요 창조 활동과 물적 공급 활동을 언급하면서 오늘날의 '물류'에 해당하는 개념이 경제적 관점에서 거론되었다. 그러나 물류의 시작이 이처럼 20세기에 시작된 것은 당연히 아니다. 물류라고 정의 내리지 않았을 뿐 인류는 훨씬 오래 전부터 물류 활동을 해 왔다.

맨 처음 인류는 어떤 물건의 이동이 필요했다면 직접 손에 들고 직접 걸어서 움직였을 것이다. 조금 시간이 흐른 후엔, 가축을 이용했다. 이러한 흐름에는 길, 도로가 필요했을 것이고 이를 통해 도로가 생겨나거나 마을이 생겨나기도 했다. 이렇게 다양한 목적으로 만들어진 도로를 통해 물류는 더 활발하게 이동되었다.

기원전 27년 전부터 제국을 이루고 지구 역사상 가장 큰 영토를 이룩했던 로마 제국. 유럽, 아프리카, 중동까지 포함하는 넓은 영토를 가지고 1000년이 넘게 이어졌던 로마 제국의 빛나는 역사에는 물류의 흐름을 원활하게 이끌었던 도로를 만든 공로가 있다. "모든 길은 로마로 통한다"는 말처럼, 로마의 도로는 대서양과 아프리카의 사막, 심지어 북해까지 이어져 있었다. 총 15만km, 500년에 걸쳐 만들어진 이 도로는 사실, 군사용으로 만들어졌지만 이 길로 군사 물품뿐 아니라 사람과 물건과 편지 등이 빠르게 이동해 갔다. 1000년 대제국의 밑바탕에는 물류를 원활하게 이동시키는 인프라, 바로 도로가 있었던 것이다. 당시 모든 물류는 이 도로를 따라 로마로 통했다.

물류를 통해 도로가 생기고 마을이 생기게 한 또 다른 예로 실크로드가 있다. 비단길이라 부르는 중국의 실크로드는 6,400km에 달하며, 고대 중국과 중국의 서쪽, 서역의 여러 나라로 비단을 비롯한 여러 가지 물건들을 오고 가게 하며 동서양을 이어주는 역할을 했다.

시간이 흐르고 철도나 증기선 등의 발달로 좀 더 많은 것을, 좀 더 멀리 이동하는 게 가능해졌다. 1941년 제2차 세계대전은 물류 분야에 있어서도 많은 것을 바꿔 놓았다. 물류를 뜻하는 영어단어 'Logistics' 는 나폴레옹 시대 군수품을 보급하는 군대의 명칭 'Logistique'에서 유래됐으며, 제2차 세계대전 때 미국 육군에서 '병참', 즉 '군수물류'의 의미로 사용됐다. 연합군은 전쟁 중인 부대에 탄약을 비롯한 무기와 식품, 약품 등을 효과적으로 보급하는 것이 매우 중요했다. 따라서 물품을 확보하고 이동하고 정확하게 배달할 시스템이 필요해진 것이다. 이러한 병참술(Logistics)이 발달해 물류 시스템으로 자리를 잡게 된다.

전쟁이 끝난 이후 50년대 초, 군사작전에 사용되던 Logistics가 기업 경영에 도입되었는데 물류업계에서는 이 시기를 물류의 첫 단계로 본다. 이때부터 물류관리, 자재관리, 유통관리, 공급관리 등이 분야별로 연구가 되기 시작해 현재에 이른다.

전쟁이 키운 컨테이너

2007년 5월 세계적인 경제잡지 《포브스》가 '20세기 후반 세계를 바꾼 인물 15인'이란 기사에서 말콤 맥린이라는 인물을 선정했다. 사람들이 잘 모르는 인물인지라 모두 그가 누구인지, 왜 《포브스》가 '20세기 후반 세계를 바꾼 인물 15인'에 그를 선정했는지 궁금해했다.

말콤 맥린은 해운회사 시랜드(Sea Land)의 설립자이다. 그는 1956년 최초로 컨테이너 운항을 고안하고 실행한 인물로 '컨테이너 화물 운송의 아버지'다. 지금 항구에 가 보면 대형 컨테이너들이 겹겹이 퍼즐처럼 쌓여 있는 것을 볼 수 있을 것이다. 그러나 말콤이 이 컨테이너를 화물 운송에 사용하기 전까지는 모든 상품과 물자가 통일성이 전혀 없는 다양한 상자와 자루에 담겨 배에 실려져 세계를 오갔다. 그런데 말콤 맥린은 어느 날, 이런 고민에 빠졌다.

"부두의 크레인이 트럭의 트레일러 부분을 통째로 들어 올려서 선박 위로 올려놓으면 얼마나 효율적이고 비용이 절감될까?"

생각해 보면 정말 그렇다. 작은 상자 하나에 물건을 넣을 때도, 그냥 이것저것 크기와 모양 상관없이 마구 집어넣는 것보다 퍼즐을 하듯, 테트리스 게임을 하듯 물건을 규모 있게 잘 넣으면 훨씬 더 많은 것들이 들어간다. 컨테이너를 사용하는 것은 규격화된 박스 안에 최대한 효율적으로 화물을 담아내는 멋진 일이다. 또 컨테이너를 사용하지 않던 시절, 해상 운송비의 절반은 인건비였다. 태평양을 건너는 비용보다 항구에서 짐을 싣고 내리는 비용이 더 많이 들었다. 이 모든 것을 컨테이너를 사용함으로써 해결할 수 있었다.

그는 자신의 회사 트럭에 규격화한 화물 용기를 만들어 배에 싣고 노스캐롤라이나에서 뉴욕으로 가는 노선에서 사용했다. 처음에는 효율성이 낮았다. 트럭에 맞춘 컨테이너가 화물선에는 맞지 않았기 때문에 선박에 빈공간이 많이 생겼다. 그는 컨테이너를 위해 배를 바꿨다. 자신의 유조선을 개량해 컨테이너를 실었고, 이 배는 1956년 4월 26일 35피트 길이의 컨테이너 58대를 싣고 뉴저지에서 휴스턴까지 첫 운항을 한다. 세계 최초 운송 컨테이너가 운항을 시작한 것이다.

이 항해로 톤당 운송비는 기존의 운송비보다 37배 감소했다. 사실 운송비 때문에 우리나라를 비롯한 많은 나라들이 대부분의 공산품 소비를 자국 내에서 해결해야 했다. 하지만 컨테이너 덕분에 운송비가 뚝 떨어졌다. 오늘날 대형 컨테이너 선박은 수천 개의 컨테이너를 운반하는데 선원은 고작 10~20명 정도 필요하다. 그뿐 아니라 컨테이너를 사용하면 선박이나 기차, 트럭 등을 통해 신속, 정확, 안전하게 운송할 수 있어 운송비를 엄청나게 줄일 수 있다.

이로 인해 소비자는 전보다 훨씬 저렴한 가격에 상품을 사서 쓸 수 있게 되었다. 평범한 강철 박스가 물류 산업의 대대적인 발전을 이루어 낸 문명의 이기가 된 것이다. 이것은 인터넷에 비견되는 물류 혁명이었다.

이코노미스트 편집장을 역임한 저널리스트이자 경제학자인 마크 레빈슨은 《The Box(더 박스)》(청림출판 펴냄)라는 책을 통해 "이 컨테이너가 시간과 공간, 비용 면에서 새로운 패러다임을 가능하게 했다"고 말했다. 컨테이너를 사용하면서 화물 운송 거리가 폭발적으로 늘어났고, 이것이 세계무역의 판도를 바꿔 놓았다. 화물 운송 거리가 늘어나면서 생산자들은 소비자와 가까운 곳에 공장을 만들지 않아도 되었다. 컨테이너로 대량 제품이나 원료를 손상시키지 않고 빠르게 이동시킬 수 있기 때문에 공장들은 대도시를 떠나 인건비와 땅값이 싼 시골이나 다른 나라로 옮겨갈 수 있었다. 이는 도시들의 인구 밀집을 해결하는 데에도 큰 영향을 미쳤다.

하지만 컨테이너가 처음부터 모두에게 환영받으며 받아들여진 것은 아니다. 노동자들이 일자리가 줄어드는 데 저항해 수십 군데 항구에서 파업이 벌어졌고, 구식 항구들의 반발도 굉장했다. 그와 반대로 항구를 육성하고 컨테이너 체제를 빨리 받아들인 시애틀이나 우리나라 부산 같은 도시는 거대 무역항으로 떠올랐다. 반면 화주들의 고집과 부두 노동자들의 반발 등으로 컨테이너 운송에 뛰어들지 않았던

뉴욕 같은 도시들은 무역항으로서 주도권을 내주었다. 게다가 컨테이너 규격을 표준화하는 데 있어, 익숙한 크기를 고수하려는 항구와 해운업자, 국가 간 수많은 갈등이 있었다.

그런데 이 모든 것을 한방에 해소해 준 것이 바로 베트남 전쟁이었다. 베트남 전쟁을 치르던 미국은 많은 군용물자를 전쟁터로 수송하는 데 컨테이너만큼 유용한 수단이 없다는 것을 깨닫고 국가 차원에서 컨테이너 운송 규격화에 나섰다. 세계 최대 무역국이 팔을 걷어붙이자 컨테이너는 급속도로 국제 물류의 중심에 서게 되었다. 특히 세계에서 가장 큰 소비 국가인 미국이나 유럽과 지리적으로 멀리 떨어져 있던 우리나라는 컨테이너를 통해 상품을 수출하면서 수출 국가로 자리매김할 수 있었다.

대한민국 물류 발달을 이끈 기업

그렇다면 이제 우리나라 물류의 발달을 한번 살펴보자. 우리나라의 물류 발달 역시 세계의 흐름과 같은데, 처음에는 상인들에 의해서 이동하던 물건과 서비스들이 배가 사용되면서 더 멀리까지 더 많이 이동되었다. 멀고 먼 옛날 통일 신라 시대까지 거슬러 올라가면, 우리가 잘 알고 있는 장보고가 전라도 완도에 청해진을 세우고 중국과 일본을 오가며 무역을 시작하자, 물류의 흐름은 더욱 더 다양해졌다. 고려 시대엔 중국, 일본뿐 아니라, 동남아시아, 아라비아에서까지 상인들이 왕래를 했다. 조선 시대엔 상인들을 통해 공식적인 물류의 흐름이 있었고, 그 후 근대로 들어서며 교통의 발달로 물류의 흐름도 활발해졌다. 1970년대엔 대한민국의 경제가 비약적으로 발전하면서 물류역시 빠르게 발달해갔다.

우리나라에서 '물류'라는 용어는 1980년대 초 태평양화학과 동아제약, 한국타이어 등 몇몇 기업에서 사용하기 시작했는데, 실은 훨씬전부터, 무려 90년 전인 1930년대에 물류 사업을 시작한 회사가 있다. 현재 한국 최대 종합 물류기업이자, 우리나라에 현존하는 물류기업중 가장 오랜 역사를 가지고 있는 대한통운이 바로 그 주인공이다.

'대한통운'의 자료에 보면, 대한통운은 1930년, '조선 미곡 창고 주식회사(미창)'로 시작했다. 미창은 부산, 군산, 목포, 인천 등에 지점을두고 물품의 창고보관과 배에서 물건을 내리는 하역업을 주로 담당했다. 그러다 1950년에는 '한국 미곡 창고 주식회사'로 회사명을 바꾸고, 비료와 곡식 등을 보관하고 운반하는 업무를 대행하는 일로 성장해 나갔다.

그러나 한국전쟁 후, 나라가 분단되는 아픔에 북한 지역에 있던 7

개의 창고와 장비를 잃는 어려움도 함께 겪어야 했다. 그런 어려움 속에서도 미창은 무너지지 않았고, 구호물자와 원조물자, 복구용 건설자재 등의 보관 및 운송 같은 전쟁 복구를 위한 국가적인 사업에 발 벗고 나서며 물류기업으로써의 역할을 담당했다.

1962년에는 정부의 정책에 따라 '한국 운수 주식회사(한운)'을 흡수합병하고, 이듬해인 1963년 회사명을 '대한통운 주식회사'로 변경했다. 그 후 대한통운은 1968년 서울 당인리 화력발전소 발전기기 운송, 1969년 동해 화력발전소, 호남 화력발전소 발전기기를 운송했고, 1974년부터는 국내 최초의 원자력발전소인 고리 1호, 월성, 영광 원자력발전소 기자재를 수송했다. 1975년에는 서울대학교 동숭동 캠퍼스를 12t 트럭 2천 대 분의 장비 등으로 옮겼으며, 박물관 유물, 도서 등도 옮겼다. 1986년 아시안게임, 1988년 올림픽, 2002년 한일 월드컵 등 국제행사에서도 전담 물류기업으로 활약했다. 또한 대북 지원 물자 육상운송과 하역을 전담하기도 했다. 대한통운의 역사는 한국 물류 90년 역사라 할 수 있다.

우리나라 최초의 배달 물품

이번에는 재미있는 퀴즈를 하나 풀어보자. 우리나라 최초로 '배달'이 된 물건은 언제, 무엇일까? 힌트는 음식이며 우리나라 사람이 대체로 좋아하고 즐겨 먹는 음식이다. 정답은?

바로, 조선 시대 '냉면'

"과거시험을 본 다음 날이면 평양냉면을 시켜 먹었다."

1768년 7월 7일, 조선 시대 실학자 황윤석이 자신의 일기 '이재난고'에 남긴 글이다. 이것이 바로, 기록이 남아 있는 우리나라 '배달의 시초'이다. 퀴즈를 풀며 배달 이야기를 시작한 건 소화물 물류 사업에 대한 이야기를 하고 싶어서이다.

물류에는 대화물과 소화물이 있다. 작은 화물을 말하는 소화물, 소화물 물류 사업의 중심이 되는 것이 바로 택배 서비스인데, 이 택배 서비스는 언제 시작이 되었을까? 우리나라에 등장한 택배 기사의 원조는 대한민국 물류사업을 이끈 기업, '미창'에서 나왔다.

'〈멧센쟈〉업 본격화 – 수하물, 이삿짐 모두 오케이.'

1962년 2월 16일자 동아일보 3면에 실린 기사의 제목이다. 무슨 뜻일까? '거리에 등장한 미스터 미창'이라는 제목의 사진도 함께 실렸는데 이 사진을 자세히 보면 유니폼을 입은 한 남자가 등에 멘 짐을 한 손으로 잡고 서 있다. '시민들의 손발이 되어 짐을 날라주는 멧센쟈 미스터 미창이 15일 서울과 부산에 등장하였다'로 시작되는 기사 내용은 '한국 미곡 창고 주식회사(미창)'가 서울에 7개, 부산에 4개의 중앙 하급소를 개설해 수하물과 이삿짐 등 하물의 운송과 일시 보관 등 업무를 개시했다는 것이다. 미창은 '호구(戶口)에서 호구(戶口)까지'를 캐치프레이즈로 내걸고 서울 구별로 1개씩, 부산, 동인천, 대구 등지에 하급소를 설치했다. 이것이 바로 오늘날 택배와 거의 동일한 형태의 서비스로 한국에서 찾아볼 수 있는 가장 오래된 사례다.

그렇다면 멧센쟈는 무슨 뜻일까? 바로 '메신저'이다. 택배 기사의 원조라 불리는 메신저들, '미스터 미창'은 '미창맨'이라고도 불리며 어깨에 번호가 새겨진 노란색 조끼와 모자를 착용하고 개인이 의뢰한 철도 소화물이나 이삿짐을 손수레를 이용해 화물을 가정까지 배달해 주었다. 특히 '미창맨'들은 1962년 개최된 '5.16 혁명 1주년 기념 산업박람회'에서 시민들이 구매한 물건을 원하는 장소까지 운송해 주었다.

우리나라 최초의 택배 브랜드, 파발마

1980년대 철도는 주요 운송 수단 중 하나였다. 대한통운으로 회사 명을 바꾼 미창은 1984년 10월 1일 철도를 활용해 '소화물 집화 배달 서비스'라는 전례 없던 소화물 물류를 시작했다. 고객이 있는 곳까지 찾아가는 '고객 맞춤 배송'이었던 것이다. 소화물 사업소 직원이 화주 를 찾아가 화물을 탁송하면 도착역의 소화물 사업소 직원이 수하인에 게 배달해 주는 파격적인 이 서비스로 인해 고객이 직접 역에 방문해 소화물을 부치거나 찾아야 했던 불편함이 사라졌다. 대한통운이 소화 물 물류 역사에 한 획을 그은 것이다.

그런데 택배 사업이 법적으로 공식화된 것은 마라토너 황영조가 바르셀로나에서 금메달을 향해 달리던 그 해, 1992년이다. 소화물 일 관 수송 제도(문 앞 배달제도)가 본격 시행됐는데, 그 첫발을 뗀 것은 한 진이었다. 1992년 6월에 한진은 국내에 처음으로 택배 브랜드 '파발 마'를 선보이고 영업을 시작했다.

한진의 파발마는 일본 '야마토 운수'의 택배 사업을 벤치마킹한 것 이었는데 일본은 1976년부터 20여 년간 택배 역사를 키워온 반면 우 리나라는 '택배'에 대한 소비자들의 이해 자체가 별로 없어 수요가 많 지 않았다. 이에 한진은 서비스에 대한 시장의 이해와 상품 홍보를 위해 지상파 TV 광고를 비롯해 다채로운 프로모션으로 '택배' 알리기에 적극 나섰다. 이를 위해 파발마라는 당초의 브랜드를 잠시 접어 두고, 택배라는 용어를 전면에 내세우며 '한진택배'라는 BI(Brand Identity)를 본격적으로 활용하기도 했다.

그 후, 한진의 뒤를 이어 금호 특송이, 1993년 4월 1일에는 대한통운이 '대한통운 특송'이라는 브랜드로, 1994년에는 현대택배가 택배 산업에 뛰어들었다. 1990년대 이후, '전화 한 통으로 원하는 물품을 집으로 배달받는 생활'이 시작되었다. 소화물 물류가 한 단계 발전하게 된 것이다. 특히 대한통운은 소비자의 필요에 따라 발 빠르게 움직였다. 아무도 생각지 못했던 아파트 단지나 행사장에서 이동식 취급점을 운영하는 서비스는 고객의 입장에 선 배달 서비스의 시작이었다. 또, 특급 배달 서비스인 '캥거루 특송'과 골프 백, 스키 장비 등 고가 제품을 배달하는 'VIP 특송', 그리고 각 지역의 특산품을 산지에서 배달하는 '쿨 특송' 등의 다양한 서비스와 30kg 이상의 중대형 화물을 24시간 내 배달하는 새로운 서비스로 큰 호응을 얻었다.

1995년에는 TV 홈쇼핑이 개국했고, 1996년에는 온라인 쇼핑몰이 등장하며 택배 시장은 '황금알을 낳는 거위'라 불릴 만큼 폭발적으로 성장하게 되었다. 이후 많은 택배사들이 등장하고 우체국 택배도 참여하게 되었다 ('한국 택배산업 20년사'). 본격적으로 소화물 물류 전쟁이 시작된 것이다. 이에 따라 대한통운을 비롯한 물류기업들은 물류 기지에 주목하기 시작했고, 현대화된 설비를 갖춘 물류 기지를 늘려나갔다. 대한통운은 화물을 메인 허브 터미널로 모은 후 분류하여 배송하는 '허브 앤 스포크(Hub & Spoke)' 방식을 도입하기로 하고, 적극적인 투자에 나섰다. '허브 앤 스포크' 방식이란, 화물이 모이는 중앙 기지에서 거점 기지로 바로 연결되는 시스템을 이르는 말로 허브는 자전거 바퀴의 살이 모여 있는 가운데 부분의 중심축을, 스포크는 하나하나의 바큇살을 의미한다. 대한통운이 처음 도입한 후 지금은 많은 택배사들이 이 시스템을 채택하고 있다.

대한통운은 1995년에 수원에 연 면적 1만 4,190m²에 달하는 물류센터를 짓고, 1997년에는 대전 터미널에 시간당 1만 3,000개의 화물을 처리하는 화물 자동 분류기를 설치했다. 대지 약 5만 6,100m²에 연 면적 3만 3,000m²에 이르는 거대한 규모의 대전 터미널은 전국에서 수집되는 모든 화물을 모아 분류한 뒤 다시 전국의 1,400여 개 취급점으로 배송하는 중심 허브 기지 역할을 수행했다.

대한통운은 2012년 사명을 CJ대한통운으로 바꾸며 더욱 활발히 사업을 확장해 나갔다. 2018년에는 축구장 40개 크기의 초대형 물류 터미널, '곤지암 메가 허브 터미널'을 건설했다. 이 정도 규모의 물류 터미널은 아시아에서는 최대 규모이고 세계에서도 세 번째로 크다.

규모만 클 뿐 아니라, 최신 자동화물 분류기까지 설치된 '곤지암 메가 허브 터미널'에서는 하루에 172만 택배 상자가 취급되고 있다. 이렇게 물류 기지를 시작으로 인프라를 쌓아온 CJ대한통운은 전국 2만 6,000개의 택배 취급점과 2만여 명의 택배 기사를 통해 10분 이내의 근거리에서 '고객 밀착형 서비스'를 제공하고 있다.

또한, CJ대한통운의 촘촘한 네트워크는 높은 배송 밀집도를 유지하고 있다. 택배기사에게 배송 밀집도는 매우 중요하다. 예를 들면

(사진: 연합뉴스)

100개의 배송할 물건이 있을 때, 보통 택배사의 택배 기사들이 아파트 2~3동을 방문해야 끝낼 수 있다면, 배송 밀집도가 높은 대한통운은 아파트 한 동에서 10분 만에 소화 가능하다. 택배업계에서 시장 점유율이 가장 높은 곳은 CJ대한통운이다. 전체 시장에서 50% 가량을 차지한다. 수요가 높다는 것은 택배 기사에게 배송 밀집도가 높다는 것을 의미하고 시간이 곧 돈인 택배기사에게는 좋은 조건이라 할 수 있다. 뿐만 아니라, CJ대한통운은 끊임없는 서비스 품질 개선으로 고객들이 소화물 물류를 보다 편리하게 이용할 수 있도록 하고 있다. 이런 발 빠른 개발과 투자를 통해 CJ대한통운은 1997년 업계 1위를 달성한 후 지금까지 그 위상을 지켜오고 있다.

대한민국의 택배 사랑

전 세계 국가의 수는 통계를 내는 기준과 방식에 따라 조금씩 다른데 UN 기준으로는 현재 193개의 국가가 있다. 그중에서 우리나라는 영토 순위 108위, 인구수로는 28위에 위치한다. 그런데 수출로는 전 세계 5위, 수입으로는 8위, 국내 총생산(GDP)은 세계 9위를 기록하고 있다. 정말 작은 영토를 가진, 인구수도 많지 않은 나라인데 참으로 굉장한 나라이다.

이렇게 경제활동이 활발한 나라여서 그런지 우리나라의 소화물 물류, 택배 사랑은 남다르다. 택배법이 발표된 1992년으로부터 20여 년이 지난 2014년, 우리나라 국민들은 택배를 1인당 32차례(택배업계 추산) 이용했다. 한 달에 2, 3회 꼴이다. 2014년 택배 산업 규모는 16억 6,000만 상자에 이르렀다. 한국보다 16년 먼저 택배 산업이 등장한 일본이 2013년, 국민 1인당 30회의 택배를 이용한 걸로 볼 때, 후발주자인 우리나라가 일본을 한참은 앞지른 것으로 보인다. 2014년 우리가 이용한 택배 16억 6,000만 상자를 쌓아 올리면 그 높이가 48만 km에 이른다. 지구에서 달까지가 38만 km이니 달에 닿고도 남는 거리다.

그로부터 또 10년이 되어가는 오늘날엔 PC와 스마트폰을 통한 온라인 쇼핑몰의 비약적인 발전으로 인해 택배 산업은 폭발적인 성장세를 보이고 있다. 한 시장조사 기업이 최근 3개월간 택배 이용 횟수를 설문한 결과, 평균 18.4회로 집계되었다. 이는 2016년 조사 결과인 12.1회와 비교했을 때 무려 50%나 늘어난 것이다. 그러니까 우리는 1주일에 1.5회 이상, 택배를 이용하고 있는 것이다.

이렇게 택배는 우리 삶의 일부가 되었고, 2000년대부터 매년 20% 이상의 높은 성장률을 보여왔다. 현재 택배 시장 규모는 6조 4,000억 원에 달한다. 지난해 연간 택배 물량은 28억 개이다. 국민 1인당 연

54회 이용한 셈이다. 1년이 52주이니 일주일에 1회 이상을 꼬박꼬박 이용한 것이다. 이제 대한민국에서 택배 없는 생활은 상상하기 어렵다. 우리의 삶이 소화물 물류인 택배와 전자상거래, 이커머스와 뗄레야 뗄 수 없는 관계로 흘러가면서 물류 시장은 매우 다각적인 변화를 맞이했으며, 놀랍도록 성장한다. 그 놀라운 성장이 바로 앞으로 세계 경제를 주도해 나갈 물류의 미래에서 매우 기대되는 부분이다.

혁신의 바람이 불다

쿠팡이 이커머스에 일으킨 변화

경제 기사에 종종 등장하는 이커머스는 전자상거래(electronic com-merce)를 말한다. 온라인 네트워크를 통해서 상품과 서비스를 사고파는 것이다. 이커머스의 놀랄 만한 성장은 스마트폰의 보급과 맞물려 있다. 이커머스는 모바일 쇼핑을 통해 날개를 단 것이다.

그렇다면 2021년 한 해, 한국인들이 가장 많이 결제한 이커머스는 무엇일까? 2021년은 중고 물건을 서로 사고파는 앱이나 새벽에 배송되는 앱, 음식 배달 앱의 비약적인 발전이 있었다. 하지만 2021년 한

해, 한국인이 가장 많이 결제한 이커머스는 바로, 네이버였다. 네이버의 2021년 결제추정금액은 36조 916억 원으로, 2020년 27조 5234억 원에서 31% 증가했다. 네이버 다음으로 한국인이 가장 많이 결제한 서비스는 쿠팡, 쓱(SSG)닷컴, 이베이코리아, 배달의 민족, 11번가 순이었다. 이는 어플리케이션(앱) 분석 서비스 와이즈앱·리테일·굿즈가 2021년 1월부터 12월까지 만 20세 이상 한국인이 신용카드, 체크카드, 계좌이체 등으로 결제한 금액에 대한 조사 결과이다.

이 조사를 보면 상당히 빠른 상승세를 보이는 이커머스로 쿠팡이 눈에 띈다. 네이버는 중소상공인(SME)들과 쇼핑 판을 키우고 있고, 쿠팡은 뉴욕 증시 상장으로 시가총액 대박이 났다. 초기 이커머스 시장을 이끌던 이베이코리아나 11번가는 불과 몇 년 새, 네이버와 쿠팡의 뒤로 한참 밀려나 버렸다.

그런데 네이버와 쿠팡은 롤모델이 다르다. 네이버가 캐나다의 '쇼피파이(Shopify)'를 모델로 삼은 반면, 쿠팡은 '한국의 아마존(Amazon)'을 표방하고 있다. 가는 길이 다르다는 것이다. 그렇다면 둘의 차이는 뭘까?

우리나라에서는 '쇼피파이'보다 '아마존'을 접해 본 사람들이 더 많으므로 아마존의 방식을 먼저 설명해 보겠다. 쿠팡이 모델로 삼은 아마존의 가장 큰 특징은 바로 풀필먼트 시스템이다. 기존 이커머스 업체들은 주로 상품을 중개하는 데 중점을 뒀다. 당연히 물류는 전문 업체를 이용했다. 그런데 아마존이 1999년 세계 최초로 풀필먼트 서비스를 도입했다. 풀필먼트 서비스란 앞에서도 이야기했듯이, '물류 전문 업체가 물건을 판매하려는 업체들의 위탁을 받아 배송과 보관, 포장, 배송, 재고관리, 교환·환불 서비스 등의 모든 과정을 담당하는 물류 일괄 대행 서비스'이다.

그렇다면 이런 서비스를 실행하려면 무엇이 필요할까? 가장 중요

(사진: 연합뉴스)

한 것은 바로 창고와 인력이다. 지금까지 물류회사의 창고들은 그저 상품을 보관하기만 하면 되었다. 하지만 풀필먼트 시스템은 다르다. 상품의 보관은 기본이고, 분류가 쉽게 잘 되어 있어서 빠르게 배송할 수 있어야 한다. 따라서 아마존의 물류 창고는 자동화되어 있을 뿐 아니라, 아마존 애용 고객들의 소비 패턴을 예측해서 사전에 상품을 매입해 놓기까지 한다. 이를 통해 상당히 빠른 배송을 자랑할 수 있게 된 것이다.

사실 미국은 워낙 땅이 넓어서 아마존 이전의 물류 배달에는 수일이 걸렸다. 그게 당연한 일이었다. 그런데 아마존이 풀필먼트 시스템을 도입한 후, 수일 걸리던 시간이 획기적으로 확 줄여진 것이다. 이는 정말 물류로 세상을 깜짝 놀라게 한 굉장한 사건이었다.

아마존의 이런 시스템을 쿠팡이 벤치마킹했다. 우리는 '쿠팡' 하면 가장 먼저 무엇을 떠올릴까? 바로 '새벽배송'과 광고에서밖에 얼굴을 볼 수 없는 친절한 '쿠팡맨'일 것이다. 그리고 또 하나, 곳곳에서 쿠팡의 물류 창고나 차량을 쉽게 볼 수 있다. 쿠팡은 2021년 미국 뉴욕 증권거래소에 상장하면서 "현재 한국 인구의 70%가 쿠팡 물류 창고와 7마일(약 11km) 거리 이내에 사는데, 앞으로 모든 인구가 해당되도록 약 1조 원을 투자해 물류 창고를 짓겠다"고 밝혔었다. 그리고 쿠팡은 그 물류 창고에 90% 이상의 상품을 직접 매입해서 구비해 놓았다.

이유는 단 하나, 빠른 배송을 위해서다. 판매자에게 중개를 하는 것보다 창고에 구비해 놓은 상품을 잘 보관하고 편리하게 분류해 두었다가 주문이 들어오는 순간, 바로 배송하는 것이 아무래도 빠를 것이다. 그것이 바로 풀필먼트 시스템이다.

이렇게 해서 쿠팡은 로켓배송(익일배송)이라는 독자적인 서비스를 구축했고, 우리나라에서 풀필먼트 시스템으로 성공한 대표적인 기업이 되었다. 그리고 이러한 쿠팡의 성공은 우리 삶의 많은 부분을 변화시켰다. 사실 쿠팡의 성공은 참으로 놀랍다. 우리나라가 아마존처럼 국토가 넓은 나라도 아닌데 어떻게 아마존과 같은 시스템으로 성공할 수 있었을까?

개인적으로는 우리나라의 뭐든지 빠른 것을 좋아하는 성향이 쿠팡이라는 기업을 키운 것이 아닐까 생각한다. 쿠팡의 새벽배송은 '하루 이틀 걸리는 배송이 반나절 걸린다고 해서 별 차이가 있을까?'라는 생각을 완전히 뒤집어 버렸다. 세상에, 아침에 주문한 물건을 저녁에 받는다니, 밤에 주문한 물건이 새벽에 집 문 앞에 도착해 있다니, 이렇게 빠른 세상을 쿠팡 이전에 우리가 상상이나 할 수 있었을까? 이런 기적 같은 배송을 통해, 쿠팡은 2020년 기준 24조 원대 매출을 이뤄냈다.

또 쿠팡은 2020년 12월부터 자체 온라인 동영상 서비스(OTT) '쿠팡 플레이'를 선보였는데, 이것 역시 아마존의 길을 따라가는 것이다. 아마존은 배송 멤버십 '아마존 프라임'을 출시하고 가입자에게 OTT '아마존 프라임 비디오'를 제공하고 있다. 쿠팡은 월 2,900원의 '로켓 와우' 멤버십을 만들고, 이 멤버십 회원에게만 무료 로켓배송 서비스를 제공해오고 있는데, 쿠팡 플레이를 통해 동영상 콘텐츠까지 혜택으로 제공하고 있는 것이다.

쿠팡만의 빠른 배송 서비스, 이를 기반으로 충성고객을 유인하는 멤버십, 그리고 OTT라는 신사업까지 쿠팡은 아마존을 롤모델 삼아 정확하게 그 길을 따라가고 있다. 게다가 쿠팡은 상장으로 들어온 약 5조 원의 자금을 완주, 창원 등 물류센터 신설에 사용했고 직접 고용도 약속했다. 쿠팡은 아마존처럼 벌어들인 돈을 계속 재투자하면서 미래 시장을 선점하는 아마존의 전략을 구사하고 있다.

쿠팡의 적자는 계속된다?

그런데 놀라운 사실은 쿠팡이 한 번도 흑자를 내본 적이 없다는 것이다. 쿠팡의 영업적자는 2016년 5,650억 원, 2017년 6,390억 원, 2018년 1조 1,280억 원, 2019년 7,210억 원, 2020년 6,230억 원이다.

2018년에 정점을 찍은 적자의 규모가 줄고 있기는 하지만 언제 흑자로 전환할지는 전혀 예측할 수 없다.

그렇다면 어떻게 쿠팡은 이 무시무시한 긴 고비들을 견뎌 나가고 있는 것일까? 그것은 우리 모두 알고 있듯이 소프트뱅크의 펀드 덕분이다. 손정의 회장의 소프트뱅크 비전펀드가 쿠팡에 2015년 10억 달러, 2018년 20억 달러를 쏟아부었다. 무려 3조 원을 투입한 것이다. 그 덕에 쿠팡은 지난 10년간 단 한 번도 흑자를 낸 적이 없음에도 불구하고 안정적인 행보를 걷고 있다.

참으로 궁금한 것은 대한민국 국민들의 소비 패턴을 바꿔 놓을 만큼 곳곳에 영향력을 미치고 있는 쿠팡인데 왜 계속적으로 적자를 내고 있는 것일까? 일단 아마존과 같은 풀필먼트 시스템은 필연적으로 문제가 따르기 때문일 것이다. 수많은 창고를 짓고, 그 안에 수많은 인력이 투입되고, 또 배달을 위해 많은 사람을 고용해야 하고, 차도 많이 사야 한다. 쿠팡이 뉴욕증권거래소에 상장할 때 낸 S-1 공시 서류에 따르면 2020년 쿠팡의 판매관리비는 3조 원에 달했다. 매출 중 판매관리 비율이 21%나 된다. 또 2019년 기준으로 판관비 가운데 무려 75%가 인건비, 13.5%가 운반·임차료였다고 한다. 풀필먼트 시스템을 유지하는 데 판관비의 거의 90%를 쓰는 것이다. 그런데 매출 총이익률(GPM)은 오프라인 유통업체(25~30%)에 비해 낮은 15% 수준이다. 다시 말해 상품을 싸게 팔고 있다는 말이다. 완전 적자경영을 하고 있다. 쿠팡이 생산량의 증가에 따라 단위당 생산비가 감소하는 현상인 '규모의 경제'라는 이름으로 시장 점유율을 넓히기 위해 적자경영을 유지함으로써, 다른 업체들도 쿠팡과 경쟁하기 위해서는 당연히 비슷한 규모로 돈을 쏟아야만 되게 되었다. 그렇지 않으면 시장 점유율에서 밀릴 수밖에 없다. 이것이 이 업계에서 치킨게임(치킨게임이란, 어느 한 쪽이 양보하지 않을 경우 양쪽이 모두 파국으로 치닫게 되는 극단적인 게임 이론을 말한다.)이 벌어지는 이유다.

이러한 적자경영으로 인해 쿠팡은 이커머스 업계 '빌런(악역)'으로 불린다. '10년 적자기업', '돈으로 만들어진 이커머스 업계 빌런'이라는 비난을 꾸준히 듣고 있다. 사실 쿠팡의 이런 경영방식은 롤모델인 아마존이 이커머스 업계 선도자로서 일찌감치 시장을 점령한 것을 따라가고 있는 것이다. 아마존이야말로 '규모의 경제'를 일으키며 2020년 기준 40%에 달하는 강한 시장 지배력을 갖게 됐고, 이를 통해 '바잉파워'(구매자 우위)를 낼 수 있게 됐다. 하지만 쿠팡은 아직 시장 점유율이 높지 않아 바잉파워가 약하다. 그래서 '빌런' 소리를 들으면서도 적자경영을 하고 있는 것이다.

쿠팡, 날아오를 수 있을까?

아마존은 2006년 '풀필먼트 바이 아마존(Fulfillment by Amazon, FBA)'을 선보이고, 소비자의 소비 패턴을 예측해 사전에 상품을 매입하고, 자동화된 물류 창고에서 상품을 분류(Kiba System)함으로써 물류 속도를 획기적으로 빠르게 했다. 이는 아마존이 소비자가 아니라 판매자에게 제공하는 물류 서비스이다.

'풀필먼트 바이 아마존'은 판매자가 아마존의 물류센터에 제품을 공급한 뒤, 15% 수수료를 내고 보관 및 출하, 결제, 고객서비스 등 이커머스 업무를 위탁하는 것이다. 판매자는 물류 시스템을 자체적으로 구축하는 것보다 비용 부담을 덜 수 있고, 배송 시간을 단축할 수 있다. 또 소비자가 실제 제품 판매자 보다 플랫폼 '아마존'을 더 신뢰하기 때문에 판매자는 전 세계 소비자들에게 접근할 수 있다. 이런 '풀필먼트 바이 아마존'이라는 물류 대행 서비스를 제공하면서 아마존은 막대한 수익을 얻고 있다. 이 덕분에 아마존은 8년간의 적자에서 벗어날 수 있었다.

쿠팡도 3자 물류사업(3PL)에 진출했다. 3자 물류사업이란, 개인이나 작은 회사들이 제품 배송, 보관, 유통 등을 직접하는 것이 아니라 전문 물류회사를 통해 서비스를 받는 것을 말한다. '풀필먼트 바이 아마존'과 같은 것이다. 판매자가 이런 3자 물류를 이용하게 되면 따로 창고를 운영할 필요가 없으며, 물류를 위해 직원도 고용할 필요가 없게 된다. 이렇게 비용적인 측면에서도 이익이 있지만, 무엇보다도 큰 장점은 전문적인 물류 서비스, 케어를 받을 수 있다는 것이다.

그렇다면 아마존이나 쿠팡처럼 3자 물류사업을 하려면 무엇이 필요할까? 바로 상품을 보관할 수 있는 물류센터와 전문적인 인력, 풀필먼트 시스템이다. 쿠팡은 쿠팡의 전매특허인 로켓배송을 직매입뿐만 아니라 판매자 품목에도 적용시키고 있다. 이를 통해 그동안 비용으로만 여겨졌던 로켓배송 시스템이 쿠팡의 주요 수입으로 전환될 것을 예측하고 있다.

쿠팡에는 아마존의 '풀필먼트 바이 아마존(FBA)'처럼 이를 전담할 자회사인 '쿠팡 풀필먼트 서비스(CFS)'가 있다. 쿠팡이 그동안 자체 배송 시스템인 로켓배송을 안착시키기 위해 막대한 인프라 투자를 감내해 온 이유는 이런 풀필먼트 사업에 진출하기 위해서였던 것이다.

로켓배송은 쿠팡이 2014년 선보인 '직접배송·익일배송' 서비스로 주문이 들어오면 직매입을 통해 물류 창고에 미리 구비해 놓은 상품을 쿠팡맨을 통해 직접 배송해 시간을 크게 단축했다. 로켓배송은 쿠팡이 매출 10조 원 안팎의 기업으로 성장할 수 있었던 일등 공신으로 꼽힌다.

쿠팡의 풀필먼트 서비스(CFS)는 로켓배송을 직매입 상품이 아닌 쿠팡 오픈 마켓을 사용하고 있는 판매자들에게 확대하는 것이다. 쿠팡은 빅데이터 기술을 활용해 미리 판매가 이뤄질 것으로 예상되는 상품을 물류센터에 보관하고 주문이 들어오면 이를 포장, 빠르게 배송해 준다. 대신 쿠팡은 이런 서비스 대가로 판매자들로부터 수수료를 받는다. 지금까지 쿠팡이 해 왔던 직매입 상품과 동일하게 관리하는 동시에, 수수료 수익까지 창출하는 것이다. 이는 쿠팡뿐만 아니라 구매자와 판매자에게도 모두 '윈윈(Win-Win)'인 서비스다. 구매자 역시, 더 많은 상품을 안전하고 빠르게 배송 받을 수 있다는 장점이 있다. 이 서비스가 쿠팡이 벤치마킹하고자 하는 아마존의 수익 모델이기도 해서 쿠팡 역시 이 사업에 큰 기대를 걸고 있다.

　만년 적자에서 흑자로 돌아서기 위한 쿠팡의 노력은 이제 서서히 결실을 보고 있는 듯하다. 쿠팡은 2021년 11월, 유료 멤버십 로켓와우 신규 가입자를 대상으로 요금제를 2,900원에서 4,990원으로 올렸다. 2021년 말 기준 쿠팡 유료 회원 수는 약 900만 명이다. 멤버십 가격 조정으로 월간 약 188억 원, 연간 2257억 원의 수익을 얻을 수 있게 된 것이다. 또한 그동안 묻지도 따지지도 않고 제품을 환불한 무료 반품 정책도 없앴다. 아울러 자사 배달앱 쿠팡이츠 역시 적자를 냈던 단건 배달 프로모션을 중단하고 수수료 정상화 수순을 밟고 있다.

쿠팡이 소비자에게 신뢰를 얻어가면서 자체 브랜드의 매출도 크게 늘어났다. 쿠팡에 따르면 2021년 쿠팡 PB(자사 상표) 브랜드 매출은 1조 567억 원에 이른다. 이는 2020년 매출 1331억 원과 비교하면 놀랍도록 급성장한 것이다. 쿠팡은 2022년 PB브랜드 매출액이 3조 원을 넘어설 것으로 예상하고 있다.

쿠팡이 쿠팡 로지스틱스 서비스, 즉 택배업에 본격 진출한 것 역시 쿠팡의 흑자를 예상케 하는 큰 요인이다. 물류 자회사인 쿠팡 로지스틱스 서비스(CLS)가 CJ대한통운이나 로젠택배처럼 많은 물동량을 처리하면 이익은 크게 늘어날 것이다.

올해 특히, 그동안 쿠팡에 악재로 작용했던 상황이 이익으로 돌아설 것으로 보인다. 코로나19 팬데믹으로 2년 넘게 이어지던 사회적 거리두기가 사실상 해제되면서 방역 비용이나 폐쇄 비용 등이 발생하지 않아 이에 따른 비용이 줄어들 전망이다.

2020년 8월 27일 알베르토 포나로 쿠팡 CFO는 사내 이메일을 통해, "연간 약 5,000억 원 수준의 코로나19 관련 지출을 추가로 부담하게 됐다"며 "쿠팡의 60만 평 인프라에서 근무하고 있는 5만 명의 안전은 물론 고객과의 약속을 지키기 위한 비용으로 기꺼이 감내하고자 한다"고 밝혔다. 그렇다면 이제 코로나19로 인한 거리두기가 해제되었으니 결국 5,000억 원에 달하는 코로나19 관련 금액 지출이 사라져

이 금액 가운데 일부가 영업이익으로 전환될 수 있는 것이다.

또 2021년 6월 17일 덕평 물류센터 화재에 따른 손실도 해결될 전망이다. 당시 화재로 1억 5,800만 달러(1,823억 3,200만 원)의 재고 손실과 1억 2,700만 달러(1465억 5,800만 원)의 부동산 및 장비 손실, 1100만 달러(127억 원)에 이르는 기타 손실 비용이 발생해 지난해 회계에 반영됐다. 그러나 2022년, 보험회사 보상이 예정돼 있어 손실액(대략 3,268억 원)이 채워질 예정이다.

마지막으로 쿠팡은 11번가, G마켓 등 다른 이커머스에서 판매 가격을 1만원에서 9,000원으로 낮추면 곧바로 쿠팡에서 판매하는 제품도 9,000원으로 맞추는 '최저가 매칭 정책'을 운영 중이다. 그러나 다른 이커머스 업체에서 할인 행사를 하면 쿠팡 마진은 줄어든다.

이럴 경우 쿠팡은 다른 이커머스보다 더 낮은 가격을 업체에게 요구한다. 업체가 쿠팡 요구를 따르지 않는다면 쿠팡에서 상품을 빼버리거나 발주를 받지 못하기 때문에 받아들일 수밖에 없다. 판매액은 거래액과 비례하기 때문에 금액을 조금만 올려도 상당한 수익을 얻을 수 있다. 쿠팡이 1%만 가격을 올려도 대략 2,000억 원 정도의 수익이 추가로 발생하는 것으로 알려져 있다. 이렇게 2022년, 여러 가지의 수익 발생 수치를 대입한 결과 쿠팡은 2021년 1조 8,000억 원의 손실에서 2022년, 약 4,500억 원의 영업이익을 달성할 전망이다.

28일 시장분석업체 와이즈앱에 따르면 쿠팡이츠를 포함한 쿠팡의 2021년 거래액은 34조 원으로 이커머스 업계 2위를 차지했다. 1위는 36조 원을 기록한 네이버로 1·2위 격차가 2조 원에 불과할 정도로 미미하다. 그러나 쿠팡은 곧 1위 등극에 성공할 것으로 보인다. 쿠팡의 1분기 거래액은 9조 6,226억 원으로 2021년 같은 기간에 비해 28% 증가했다. 2등은 네이버로 11% 늘어난 9조 4,834억 원, 3위는 SSG닷컴으로 7% 증가한 6조 2,963억 원을 기록했다. 거래액만 따져보면 쿠팡 매출 상승세가 이미 네이버를 앞질렀다. 이는 쿠팡이 안정적인 시장 점유율을 무기 삼아 적자에서 벗어나 흑자로 돌아서는 신호탄으로 보여진다.

(출처: 연합뉴스)

거라브 아난드 쿠팡 최고 재무 책임자는 2022년 3월 3일 "지난해 -4.1%였던 EBITDA(법인세·이자·감가상각비 차감 전 영업이익) 마진율이 올해 4분기에는 흑자로 돌아설 것"이라고 자신감을 내비쳤다.

쿠팡과 다른 길을 걷는 네이버

네이버는 이커머스 비지니스 관점에서 쿠팡과는 정반대에 위치해 있다. 네이버를 이해하기 위해서는 먼저 캐나다의 이커머스 업체인 '쇼피파이'를 이해해야 한다.

2004년 설립된 이 회사는 판매자가 이커머스에 들어올 수 있도록 '솔루션'을 원스톱으로 제공한다. 이를 업계에선 DTC(Direct-to-Consumer)라고 부른다. 다시 말해, 쇼피파이는 쇼핑몰을 운영하지 않는다. 대신 판매자에게 자사 플랫폼으로 쇼핑몰을 만들어 준다. 쇼핑몰을 운영하지 않으니 당연히 자체 판매 목적으로 물건을 선매입하지도 않는다.

그럼 쇼피파이는 어떻게 차별화를 만들까? 일단 쉽고 빠르게 온라인 쇼핑몰을 만들 수 있는 원스톱 서비스를 제공한다. 또 페이먼트 서비스(Shopify Payments), 매출채권을 담보로 대출을 해 주는 서비스

(Shopify Capital), 고객이 쇼피파이의 풀필먼트 네트워크(Shopify Fullfilment Network)를 이용할 수 있도록 하기도 한다. 쇼피파이는 매달 최저 29달러를 내면 온라인 쇼핑몰 개설과 마케팅, 주문 처리, 결제 등을 지원한다. 판매자를 주 고객으로 둔 기업 간 거래(B2B) 사업이다. 시가 총액은 1,500억 달러(약 170조 원) 안팎으로 아마존(1조 7,000억 달러)의 10분의 1에도 못 미치지만, 지난해 블랙프라이데이 기간에 51억 달러의 거래액으로 아마존(48억 달러)을 넘어서는 등 확실한 경쟁자로 자리매김했다.

그렇다면 판매자들이 느끼는 쇼피파이의 매력은 무엇일까? 이미 많은 소비자들이 모여드는 아마존 같은 플랫폼에 입점하게 되면 편리하고 빠른 판매가 가능하지만 결국 플랫폼이 판매 주도권을 갖게 된다. 무엇을 팔아도 아마존이 판매한 것 같은 이미지를 주는 것이다. 그것은 소비자에겐 신뢰감을 준다는 장점은 있지만 판매자로서는 장기적으로 자신들의 브랜드를 키울 기회는 어려워진다. 반면 쇼피파이는 판매자 개인이 온라인 스토어를 쉽게 만들고 독자적인 브랜드를 구축할 수 있다. 대신 마케팅 부담이 늘어난다. 오랫동안 이커머스 강자로 군림해 온 아마존에 맞서 새로운 비즈니스 모델을 제시한 쇼피파이의 성장이 요즘은 더 돋보이긴 한다. 쇼피파이는 지난해 캐나다 시총 1위 기업으로 등극하기도 했다.

쇼피파이를 벤치마킹한 네이버의 이커머스 전략도 이와 비슷하다. 2021년 4월 13일, 유통업계에 따르면 네이버의 쇼핑 사업을 맡고 있는 이윤숙 포레스트 CIC(사내기업) 대표는 최근 기관 투자가들을 상대로 한 투자설명회에서 "네이버는 쇼피파이와 유사한 비즈니스 모델을 확장하겠다"고 말했다. 이 말대로 네이버는 이커머스에서 플랫폼 전략을 취하고 있으며, 쇼피파이처럼 중소 상인에게 초점을 맞추고 있다.

쿠팡이 소비자에 집중한다면 네이버는 판매자에 집중하는 것이다. 그 대표적인 것이 스마트 스토어 '머천트 솔루션'이다. 네이버가 판매자들에게 상품을 팔 수 있도록 '머천트 솔루션'을 주는 것이다. '머천트 솔루션'은 판매자들이 자체 쇼핑몰을 만들도록 하는 솔루션 '스마트 스토어'를 중심으로 데이터 분석 툴인 '비즈 어드바이저'를 서비스하고, 결제 서비스로는 '네이버페이'를, 입점 판매자에게는 초기 사업 자금을 위한 SME 대출도 해 준다.

쇼피파이가 직매입 구조가 아닌, 누구나 온라인 쇼핑몰을 만들 수 있도록 플랫폼과 제반 기술 환경을 제공하듯 네이버의 스마트 스토어가 바로 그런 일을 하고 있는 것이다. 스마트 스토어는 네이버가 이커머스에서 솔루션적 관점으로 접근하고 있다는 것을 명확히 보여주고 있다. 다시 말해, 판매자들은 네이버 플랫폼 안에 스토어를 생성하고,

비즈니스를 운영하는 데 필요한 단계별 도구나 기술을 네이버로부터 지원받는다. 이로써 네이버를 통한 쇼핑 거래액은 순증하고, 이를 통해 네이버 역시 네이버 플러스 멤버십 등 자체 구독형 수익 모델을 꾀할 수 있는 선순환 고리가 생겨나는 것이다. 네이버는 고객에게 솔루션을 제공함으로써 이커머스 비즈니스의 리스크를 지지 않으면서도 수익화에 성공했다.

한성숙 네이버 대표이사는 주주 서한에서 "네이버의 역할은 판매자가 장사에만 집중할 수 있도록 모든 단계를 제공하는 것"이라며 "초기 스토어 구축부터 고객 관리, 정산 및 금융, 데이터 분석 등 전방위적 툴로 확대할 것"이라고 했다. 스마트 스토어를 단순 오픈 마켓이 아닌 판매자들이 스스로 브랜드를 쌓도록 도와주는 플랫폼으로 만들겠다는 것이다. 이를 통해 현재 41만 개 안팎인 스마트 스토어 판매자 수를 5년 내 100만 개 이상으로 키우겠다는 목표다. 스마트 스토어는 지난해 거래액이 약 17조 2,000억 원으로 전년(10조 2,000억 원) 대비 58% 성장한 네이버 쇼핑 사업의 주력 성장모델이다.

이런 상황에서 최근에 네이버가 CJ대한통운, 이마트와 손잡았다. 한성숙 네이버 대표는 네이버 장보기에서 신세계·이마트 상품 당일·익일배송을 도입하고, 스마트 스토어의 신선식품을 빠르게 배송하는 식의 구체적인 협업 방안을 밝히기도 했다. 또 네이버는 부릉

(VROONG)을 운영하는 메쉬 코리아와 풀필먼트 업체인 위킵, 두손 컴퍼니, FSS 등에 투자하기도 했다. 네이버가 풀필먼트 시스템을 구축한다면 이커머스 관점에서 볼 때, 이보다 더 완벽할 수 없는 모든 조건을 갖추게 되는 셈이다. 네이버가 이처럼 네이버만의 확고한 구조를 갖추게 됐을 때, 현재 무료로 제공되고 있는 스마트 스토어 플랫폼이 어떤 비즈니스 모델로 진화할지 우리는 예측할 수 없다.

이렇게 같은 이커머스이지만 쿠팡과 네이버의 차이는 현재까지는 매우 극명하다. 그런데 아마존의 '바이 박스'를 벤치마킹한 쿠팡의 '아이템 위너' 시스템은 최저가를 제시한 판매자가 같은 상품 판매자의 상품 설명이나 리뷰를 가져다 쓸 수 있도록 하는 것으로 판매자 간의 치열한 경쟁을 유발한다.

쇼피파이는 아마존의 이런 경쟁적인 정책에 불만을 가진 판매자들에게 집중한다. 뉴욕타임스는 아마존 대신 쇼피파이를 택한 판매자 사례를 보도하며 "아마존의 판매자는 단순 판매를 넘은 미래 비즈니스 창출, 브랜드 정체성 확보가 어렵다"는 점을 지적했다. 아마존에서 매출 1위 브랜드였던 나이키 역시, 2019년 11월 '아마존 판매 중단'을 선언한 후 쇼피파이와 협력해 자사몰을 구축했다.

쿠팡과 네이버 사이에도 비슷한 움직임이 있다. 뷰티 분야 1위 기업인 LG생활건강이 2019년 쿠팡 판매를 중단하고 이듬해 네이버에 브랜드 스토어를 만들었다. 네이버에 입점한 판매자들은 "쿠팡과 달리 가격, 배송 등 판매 방식을 직접 결정할 수 있어서 선택했다"고 입모아 말한다. 네이버 역시 쿠팡에서 이탈한 판매자를 끌어안고 있는 것이다.

이렇게 다른 차이를 가지고 있는 두 기업은 해외 진출 역시 각기 다른 방향으로 진행하고 있다. 네이버는 일본으로의 진출을 준비하고 있다. 일본은 의외로, 아직 이커머스가 본격적으로 도입되지 않았다. 전체 상거래 가운데 이커머스의 비율은 2020년 기준 7.9%에 그친다. 네이버는 야후재팬과 손잡고 스마트 스토어를 도입하며 큰 시장 성장성을 노리고 있다.

쿠팡은 뉴욕증시 상장과 함께 싱가포르를 제2의 진출지로 정했다. 싱가포르는 여러모로 우리나라 수도권과 환경이 비슷하다. 땅이 좁고 인구밀집도가 높기 때문이다. 쿠팡은 싱가포르를 거점으로 동남아시아 시장 진출을 꿈꾸고 있다.

네이버는 강력한 플랫폼 장악력을 바탕으로 일찌감치 수익화에 성공했고, 쿠팡은 뉴욕증시에서 한때 시가총액 100조를 넘겼을 만큼 성장성을 인정받고 있다. 우리나라 이커머스에 혁신의 바람을 일으킨 두 기업의 행보는 여전히 세계의 주목을 받고 있다.

네이버, 쿠팡의 후발주자 SSG닷컴

현재 우리나라의 이커머스 시장은 네이버 쇼핑과 쿠팡의 양자구도가 확실하다. 그렇다면 그 뒤를 잇는 후발주자는 누구일까? 뭐니 뭐니 해도 신세계 그룹의 SSG닷컴이 눈에 띈다. 유명 일류 배우를 통한 고급스럽고 특별한 광고로 이미지 각인을 제대로 시키고 있는 SSG닷

컴은 지난 2021년 오픈마켓 서비스를 개시하고 온·오프라인을 연계하는 시너지 효과를 노리고 있다.

그동안 SSG닷컴은 취급 상품 수가 1천 만여 개로 1억~2억 개를 취급하는 경쟁사들에 비해서 상대적으로 너무 적다는 평을 들어왔다. 그에 따라 SSG닷컴은 오픈마켓 서비스를 통해 입점 파트너사를 늘려 다양한 상품군을 판매하려고 노력하고 있다. 또한 오픈마켓과 함께 SSG닷컴은 그룹 소속 프리미엄 슈퍼마켓 SSG푸드마켓 상품을 새벽 배송으로 판매하고 있다.

그런데 SSG닷컴은 오픈마켓 판매자들에게 풀필먼트 서비스를 제공하지는 않는다. 하지만 신세계는 2014년, 국내 최초로 최첨단 온라인 전용 물류센터인 네오(NE.O) 센터(NExt Generation Online Store)를 선보인 바 있다. 이후, 2016년에 김포에 두 번째 네오 센터(NE.O 002)가 문을 열었고, 2019년 연말에는 세 번째 센터가 김포에 추가로 문을 열었다. 또 네 번째 센터는 경기도 광주시에 세워질 예정이다.

네오 센터에서는 한 시간에 2천 개의 주문을 처리할 수 있다. 이것은 한 건당 2초면 배송 준비가 끝난다는 뜻이다. 과연, SSG닷컴이 오픈마켓에 네오 센터를 제공할지, 예측할 수는 없지만 만일 그렇게 된다면 상당한 경쟁력을 갖게 될 것이다. 쿠팡, 네이버의 뒤를 잇고 있는 SSG닷컴이 어떤 차별화를 가지고 날아오를지 매우 기대가 된다.

차별화 전략, 글로벌 시장을 노린다

2021년과 2022년 상반기의 큰 특징 중 하나로 해외직구(직접구매) 시장의 비약적인 성장을 꼽을 수 있다. 코로나19 팬데믹이 예상외로 장기화되면서, 해외여행을 하지 못해 억눌렸던 소비심리가 폭발해 해외직구 수요가 급증한 것이다.

이에 따라, 당연한 수순이겠지만 각기 자신들만의 차별성을 장착한 해외직구 쇼핑몰이 잇따라 등장했다. 그리고 2021년과 2022년 상반기에 해외직구 시장은 가파른 성장곡선을 그렸다. 통계청이 최근 발표한 2021년 연간 온라인 쇼핑 동향에 따르면 온라인 해외직구 거래 규모는 2020년(4조 677억 원)과 비교해 무려 26.4% 커진 5조 1,404

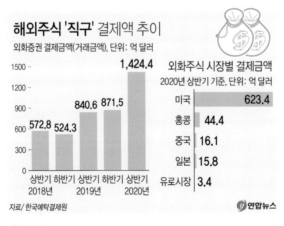

(출처: 연합뉴스)

억 원에 이른다. 완전히 '황금알을 낳는 거위'가 된 것이다.

이렇게 온라인 해외직구 시장이 커지면서 이커머스 업계는 다양한 차별화에 승부를 걸고 있다. 그렇다면 각 업체가 추구하고 있는 차별화는 무엇일지 한번 살펴보자.

국내 대형 유통사 중 처음으로 해외직구 사업에 뛰어든 것은 신세계였다. 신세계는 라이브 쇼핑을 이용해 차별화에 나섰다. 여행 상품 콘서트 진행, 영화 예매권 판매와 같은 다양한 콘셉트의 방송을 선보였던 신세계 라이브 쇼핑은 명품 전문 프로그램인 S-STYLE을 통해 해외직구 판매에 박차를 가했다. 신세계 라이브 쇼핑은 해외 현지에서 고객에게 직접 배송하는 방식으로 2021년, 연간 판매액은 200억 원을 넘어섰다. 또한 2022년 1월 한 달간 'S-STYLE' 목표 매출 달성률은 전년 같은 기간 대비 22% 성장했다. 1월 18일에 있었던 코치 브랜드 방송은 목표 매출 232% 달성을 기록했다.

2022년 2월 15일 저녁에 선보였던 모바일 방송은 신세계 라이브 쇼핑의 매력을 한껏 보여주었다. 밀라노 근교 부티크 매장에서 젊은 층에게 인기가 높은 몽클레어, 스톤아일랜드 등 브랜드 중 국내에서 구입이 어려운 상품 20종을 엄선해 최대 33% 할인하는 행사를 선보였던 것이다.

신세계 라이브 쇼핑 트렌드 패션 담당 강명란 상무는 "기존 TV 녹

화방송을 통해서는 불가능했던 고객과의 실시간 소통을 통해 '나에게 가장 잘 어울리는 트렌디한 명품'을 고객에게 직접 제안하는 형식으로 선보인다는 것이 이번 방송 특징"이라며 "오프라인에서 구입하기 힘든 인기 의류 브랜드를 고객들이 실시간 소통으로 충분히 검토하고 구매할 수 있다는 점에서 또 다른 쇼핑의 즐거움을 얻을 수 있다"고 설명했다. 또한 "현지 명품 소싱 및 라이브 운영 체제를 마련한 데 이어 앞으로도 타 방송과 차별화할 수 있는 새로운 프로그램을 지속적으로 발굴해 경쟁력을 높여 나가겠다"고 밝혔다. 그리고 명품 방송 편성 비율을 같은 해 대비 40% 가량 확대하고, 상품 구색과 방송 콘셉트 다양화에 나섰다.

자, 다음은 발 빠른 쿠팡이다. 쿠팡은 쿠팡 하면 떠오르는 빠른 배송 서비스를 전면에 앞세웠다. 평균 3~5일 만에 빠르고 편리하게 해외상품을 배송 받을 수 있는 '로켓직구' 서비스를 2017년 미국 시장을 시작으로 2021년 1월엔 중국, 그리고 최근엔 홍콩으로까지 확대해 800만 개 이상 글로벌 상품을 해외직구로 판매 중이다. 쿠팡만의 빠른 해외직구 서비스 경쟁력이 세계로 뻗어나간 것이다. 또한 와우 회원은 배송비를 부담하지 않는 것이 특징이다.

해외직구 서비스로 또 눈에 띄는 기업이 티몬(티켓몬스터) 이다. 티몬은 2022년 4월 한 달간 해외직구 고객을 끌어들이기 위해 '직구 페

스타'를 펼쳤다. 이 이벤트 당시 개인 통관 고유부호 발급 후 티몬에 등록하는 고객은 추첨을 통해 샤넬 가방을 받았고 3회 이상 해외직구를 할 경우, 추첨으로 맥북 에어를 선물로 받았다. 티몬은 이런 적극적인 신규 고객 유치 이벤트를 통해 많은 수요를 창출했다.

롯데온은 2022년 2월부터 매월 9~11일을 '직구온데이'로 정하고 해외직구 상품을 할인 판매했다. 첫 2월 '직구온데이' 때는 전년 대비 매출이 10배 이상 증가했다. 롯데온은 압타밀 분유, 오쏘몰 비타민, 레고 등 롯데온만의 특화된 제품을 준비하여 모두 절찬리에 판매 완료했고, 명품 및 건강기능식품, 가전제품 등의 실적은 눈에 띄게 신장했다.

11번가는 2021년 8월 세계 최대 이커머스 업체 미국 아마존과 손잡고 해외직구 서비스 '아마존 글로벌 스토어'를 열었다. '아마존 글로벌 스토어'는 국내에서 아마존 상품을 직접 구매할 수 있는 서비스다. 구독 상품인 우주패스(구독료 4,900원)에 가입하면 구매 금액에 관계없이 상품 단 1개를 구입해도 배송료가 무료다. '해외직구 걸림돌'로 꼽힌 배송비 부담을 획기적으로 없앤 것이다. 또한 상품 정보는 물론 기존 아마존에서 구매한 고객의 상품 리뷰까지 한국어로 확인할 수 있어 편리하다. 이와 함께 아마존 글로벌 스토어 전담 고객센터를 운영해 주문, 결제, 배송, 환불 등 모든 고객 문의를 한국어로 처리할 수 있다.

　이렇게 온라인 해외직구 시장이 활성화되고 확대되는 것은 코로나19 팬데믹에 따른 언택트(Untact:비대면) 트렌드와 소비자의 억눌린 수요가 겹친 데다 이커머스 업체들이 빠른 배송과 서비스 지역 확대 등의 편의성 개선과 다양한 물품 확보 등 발 빠른 대응을 한 결과이다. 해외직구 시장은 향후 성장 잠재력도 매우 높다.

CHAPTER 3

물류 혁신,
미래 경제를
주도하다

세 계 물 류 시 장 이 변 한 다 !

물류 자동화 시스템

지금까지 우리는 이커머스 시장의 급성장에 대해 살펴봤다. 그런데 이러한 시장과 동반 성장하는 물류 분야가 있는데 그것은 바로 물류 자동화 시스템 분야이다. 물류 자동화 시스템 분야는 이커머스 시장의 눈부신 성장을 돕는 동시에 더 빠르고 효과적으로 발전했다.

물류 자동화 시스템은 디지털 자동화 솔루션이 결합된 최신 정보통신기술(ICT)을 적용하여 상품을 운반하고 관리하고 보관하는 과정을 인간의 개입 없이 자동으로 처리되게 만드는 것이다. 물류 자동화

시스템이 적용된 물류 창고의 경우, 공간을 극대화시켜 최소한의 공간에서 최대한의 처리 속도를 낼 수 있다는 큰 장점이 있다.

공항, 산업용 차량, 건물 관리 및 건물 보안, 항만, 거래 및 유통센터, 택배, 특송, 소화물 및 우편 서비스 공급자, 크레인, 교통 등의 분야가 모두 물류 자동화 사업의 영역이다. 우리나라에는 물류 자동화 분야의 대표적인 기업으로 현대 무벡스(HYUNDAI MOVEX)가 있다. 현대 무벡스는 30년 이상, 국내외 물류 자동화 분야에서 독창적인 시스템 엔지니어링 업무를 성공적으로 수행해 오고 있는 회사이다. 지난 2021년에는 쿠팡의 용인 풀필먼트 센터의 자동화 솔루션을 수주했다.

물류 자동화 시스템 중에서 고성능 피킹 방식인 GTP 피킹 시스템 (Goods to Person Picking System)은 로봇을 이용하는 것인데, 작업자가 상품을 찾아 움직일 필요 없이 상품이 작업자를 찾아오는 혁신적인 피킹 방식으로 기존 방식인 DPS(Digital Picking System) 피킹 방식보다 약 3배 이상의 작업 속도를 높일 수 있다.

예전에는 물류센터 직원이 작업을 하려면 선반에 직접 가서 상품을 하나씩 확인하고, 상품을 꺼내서 다시 작업대로 와서 포장하는 작업을 해야 했다. 이런 방식은 작업자가 걸어 다니는데 너무 많은 시간을 쓴다. 어떤 보고서에는 물류 작업자가 하루 평균 10km를 걷는다고 조사되어 있다. 하지만 GTP 피킹 시스템을 활용하면 작업자의 노동 강도가 획기적으로 낮아진다. 반면, 전체적인 생산성은 기존 대비 200% 이상 향상된다.

물류 로봇업계 쉼 없이 날아오르다

물류 자동화 시스템과 더불어 물류 시장의 변화를 이끄는 것은 물류 로봇이다. 대량 생산을 위한 공장 자동화가 한창 진행되었던 예전에는 산업용 로봇이 로봇 시장을 이끌었다. 하지만 최근에는 서비스 로봇 시장의 성장 잠재력이 주목받고 있는데, 물류 로봇이 바로 이 서비스 로봇에 해당된다.

이렇게 GTP 솔루션 분야에 물류 로봇을 앞세워 빠르게 성장하는 기업들이 있다. 물류 로봇 전문기업 '긱플러스(Geek+)'는 중국 베이징에 본사를 두고 있다. 긱플러스의 GTP 솔루션 대표 제품이 바로 '피킹 로봇'이다. 긱플러스의 GTP 솔루션은 놀랍게도 작업자가 걷는 시간을 아예 없앨 수 있다. '피킹 로봇'이 직접 물류 선반을 작업자가 있는 워크스테이션에 가져오면 작업자는 물건을 빼서 분류하고 로봇을 조종하기만 하면 된다. 이 놀랍도록 효율적인 솔루션은 긱플러스 전체 매출의 약 80%를 차지하며 전 세계로 뻗어나가고 있다.

긱플러스는 자율주행로봇(AMR, Autonomous Mobile Robot) 국제시장에서도 3년 연속 시장 점유율 1위를 차지했다. 이런 긱플러스가 전 세계 5위에 안착한 한국의 이커머스 시장에 큰 관심을 갖고 있다. 긱플러스는 2022년 1월, CJ대한통운 군포 물류센터에 AMR 로봇 128대를 제공했다. 128대의 AMR은 현재 10,000m²에 달하는 군포 물류센터의 면적 중 8,300m²를 담당하고 있으며, 하루 3만 건의 주문량을 처리한다. CJ

(사진: 연합뉴스)

대한통운은 긱플러스 물류 도입 이후 운용 효율성이 약 33% 올랐다고 발표했다. 대단한 결과다. CJ대한통운은 긱플러스 제품을 활용해 자사 이커머스 고객인 네이버 쇼핑에 더 빠른 서비스를 지원할 수 있게 되었다. 긱플러스 코리아에 따르면, 긱플러스는 한국 기업에게 현지화된 서비스와 지원을 더 원활히 제공하기 위해 서울에 위치한 한국 오피스에 전담팀을 구성해 토탈 AI 로봇 솔루션을 제공하고 있다.

이 같은 자율주행로봇 시장의 급속적인 확대 원인은 무엇일까? 바로 물류 자동화 시스템의 비약적인 발전이다. 거기에 더해, 이커머스 시장 확대에 따라 소액화, 다빈도화의 진행은 물류의 기능 강화를 촉진시켰다. 또, 저출산, 고령화 영향과 더불어 노동 강도가 강한 물류 작업을 기피하는 현상은 물류업계에 심각한 구인난을 가져왔고, 이 모든 것들이 자율주행로봇 시장을 급성장시켰다.

이커머스 대기업 아마존은 물류센터에 누구보다 빠르게 물류 로봇을 도입해 전 세계의 이목을 끌었다. 아마존이 키바 시스템을 인수한 것은 2012년이다. 아마존은 키바 시스템을 인수하자마자 아마존 로보틱스로 이름을 바꾸고 아마존 물류센터를 자동화하는 작업을 시작했다. 키바(KIVA) 로봇 제품 판매를 중단하고 아마존이 독점으로 사용한 것이다.

완전한 독립체인 로봇 키바는 작업자 앞에 물류센터 내에 있는 물품을 정확하게 가져다준다. 2개의 푸른 눈을 가진 키바는 큰 짐(7층 정도)을 들고도 회전하고 빠른 속도로 이동할 수 있으며 스스로 충전이 가능하다. 뿐만 아니라, 다른 키바와 소통하고 충돌하지 않으면서 최적의 경로를 설정한다. 상호작용이 가능한 것이다. 또한 키바는 효율적인 운영을 위해 전체가 지휘되고 유기적으로 움직인다. 키바는 물류센터의 비용절감, 효율성, 정확성 면에서 혁신이다.

아마존 물류센터는 키바 로봇 35만 대를 투입해 제품의 출반입을 로봇이 대신하게 하고 있다. 이로써 노동력 부담을 줄이고, 업무 처리 시간을 단축시켰다. 아마존의 2020년 3분기 매출은 작년 동기보다 37% 늘어난 961억 5000만 달러(약 108조 원)를 기록했다. 아마존이 물류 창고의 자동화를 적극적으로 추진하는 등, 디지털 기술에 기반한 물류 혁신을 이룬 결과다.

〈KOTRA 해외시장뉴스〉에 따르면, 최근 일본의 로봇 개발사 'MU-JIN'은 중국의 이커머스 2위 대기업인 징동(京東)의 전자동 물류센터를 실현해 냈다. 'MUJIN'은 2014년부터 물류 전용의 로봇 본체를 제어하는 컨트롤러를 개발해 온 회사이다. 이외에도 Kyoto Robotics, Rapyuta Robotics 등 많은 스타트업이 물류 로봇의 실용화를 위해 노력하고 있다. 또한 최근 해외 유명 대학 연구진이 공동 설립한 기업 Right Hand Robotics가 산적한 상품을 구별해 내는 로봇을 시장에 새롭게 선보여 화제를 모았다.

우리나라의 자율주행 물류 운송 로봇을 개발하는 스타트업들도 주목을 받고 있다. 물류센터 내 이동을 자동화하는 로봇 솔루션 개발사 '플로틱'은 최근 네이버 D2SF로부터 투자를 유치했다. 또한 자율주행 물류 로봇 개발사 '트위니'는 2021년 11월부터 2년간 자율주행 로봇 규제 샌드 박스 기업으로 선정돼 실증을 준비 중이다.

코로나19 팬데믹으로 인한 비대면 확대와 이커머스를 통한 폭발적인 소비, 줄어드는 인력 등의 문제로 최근 많은 물류 기업들이 로봇투자에 박차를 가하고 있다. 이 흐름을 타고 물류 로봇업계는 쉼 없이 날아오를 것이다.

물류 시스템의 업그레이드, 오토스토어

오토스토어(Auto Store)는 1996년에 설립된 노르웨이 기업이다. 이 기업이 매우 흥미로워 자세히 소개해 볼까 한다. 오토 스토어는 '큐브형 자동 저장 시스템'을 개발, 로봇 기술을 접목해 기존 물류센터 공간을 4배 더 효율적으로 활용할 수 있도록 만들어주는 물류 로봇 자동창고 시스템 회사로 손정의 회장의 소프트뱅크 비전펀드가 2021년에 3조 원을 투자해 40%의 지분을 인수했다.

공기를 저장하지 마시고, 상품을 저장하세요!
Stop Airhousing, Start Warehousing!

멋진 문구다. 오토스토어가 구현해 낼 물류센터를 이보다 더 정확하게 표현하기는 어려울 것이다. 오토스토어는 현재 지구상에서 가장 스마트하고, 저렴하며, 효율적인 물류 자동화 기업이다. 이커머스의 폭발적인 성장과 치솟는 창고 임대료에 대한 획기적인 솔루션을 가진 오토스토어는 입출고 및 보관 시스템(ASRS: Auto Storage Retreval System) 혁신의 최첨단에 있는 기업이라 할 수 있다. 그렇다면 오토스토어의 시스템의 무엇이 그리 혁신적일까?

우리는 물류 로봇하면 아마존의 로봇 키바를 먼저 떠올린다. 그런데 키바는 달릴 수 있는 바닥의 공간이 반드시 필요한 로봇이다. 그런데 바닥은 물품과 키바의 운행으로 복잡한 반면, 물품이 쌓여 있는 공중 공간은 비어 있다. 오토스토어의 말대로라면 공기만 가득 저장되어 있는 것이다. 그런데 이 공중 공간을 사용해서 물류 로봇이 이동하도록 하는 것이 바로 오토스토어의 시스템이다.

이 회사의 '큐브형 자동저장 시스템'은 큐브형 공간(그리드)에 플라스틱 상자를 가득 채우고, 그 안에 물건을 보관한다. 무선조종 로봇이 그리드 안팎을 구석구석 돌아다니며 주문이 들어온 제품을 가져다준다. 로봇이 주문에 맞춰 상품이 보관된 보관 상자를 찾아내어 설비와 작업자의 접점인 포트로 이송시켜 주는 것이다.

이렇게 오토스토어는 로봇이 상품 입고부터 출고까지 전체 프로세스를 보관 상자로부터 작업자에게 직접 전달하는 전 자동화 시스템이다. 선반에 물건을 쌓아놓고 사람이 상품을 꺼내오는 일을 하는 시스템보다는 말할 것도 없고, 로봇이 달릴 공간을 비워두어야 하는 시스템보다도 저장 밀도가 훨씬 높다. 공간과 인력 모두 절감할 수 있다. 이런 방식으로 오토스토어는 모든 공간을 남김없이 효율적으로 사용한다.

그렇다면 이번에는 오토스토어의 로봇에 대해 자세히 알아보자. 오토스토어의 로봇은 최대 3.1m/sec의 속도로 그리드 최상단을 달린다. 서로 동선을 방해하지 않는 선에서 최적 경로로 보관 박스를 이송한다. 키바가 자체 충전이 되는 것처럼 이 로봇도 배터리 전력이 부족하면 충전 구역으로 자동 복귀한다. 전력 소비량이 많을까 염려되지만 로봇 한 대가 시간당 0.1kW 이하로 10대의 로봇이 1대의 청소기와 맞먹는다. 이렇게 저전력으로 운영이 가능한 로봇은 친환경 제품으로,

긴 수명의 배터리와 적은 유지보수 비용 등의 장점이 있다.

이런 혁신적인 장점들을 장착한 오토스토어는 빠르게 전 세계로 확장되고 있다. 현재 독일, 영국, 프랑스, 미국, 일본 등 35개국에 500개 이상의 물류 자동화 시스템을 구축했다. 우리가 잘 아는 3M, 이케아, 존슨 앤 존슨, 보쉬, 아디다스, 퓨마, 구찌, 반스, 루프트한자 등이 오토스토어의 고객이다.

우리나라에서는 롯데 슈퍼 의왕과 신라에서 오토스토어를 활용하고 있다. 또 국내 최대의 이커머스 플레이어 쿠팡이 대구 물류센터 및 국내 대형 물류센터에 오토스토어 도입을 확정하고 어느 곳에 설치할지 검토 중이라는 소식을 알렸다.

2022년 3월에 준공식을 가진 쿠팡 대구 물류센터는 지하 2층~지상 10층, 상온 창고 1개 동으로 연 면적은 33만m^2, 축구장 46개 넓이의 초대형 풀필먼트 센터이다. 쿠팡의 전국 물류센터 가운데 가장 크다고 할 수 있다. 쿠팡과 오토스토어는 모두 소프트뱅크 비전펀드 포트폴리오에 포함된 기업이라 흥미롭다.

손정의 회장은 쿠팡에 지난 2015년과 2018년 총 30억 달러(3조 5,000억 원)를 투자했다. 오토스토어의 경우도 2021년 4월에 지분 40%를 쿠팡과 비슷한 28억 달러(3조 3,000억 원)에 매입해 당시 업계에서는 손 회장이 전자상거래 생태계를 구축하기 위한 큰 그림을 그리고 있다는 관측이 제기되기도 했었다.

오토스토어는 아시아 국가 중 일본에 이어 두 번째로 한국에 지사를 설립했다. 한국 전자상거래 시장의 성장세에 주목했기 때문이다.

물류 시스템의 효율화는 전 세계 유통기업의 과제이다. 물류에 들어가는 비용을 줄이면서도 배송 속도를 높이는 물류 효율화가 곧 기업의 이익과 직결되기 때문이다.

물류 혁신에 앞장서는 나라들

일본, 물류 로봇의 기술혁신을 이루다

일본의 가장 큰 사회적 문제가 저출산과 고령화라는 사실은 이미 전 세계가 다 알고 있다. 일본의 이런 심각한 문제는 물류업계에도 큰 난제로 작용한다. 가뜩이나 인력이 부족한데 노동 강도가 강한 물류 작업을 기피하는 현상까지 더해져 다른 어떤 분야보다 심각한 구인난과 만성적인 일손 부족에 시달리고 있는 것이다.

이 문제를 해결하고자 일본이 주목하고 있는 것이 바로 물류 로봇 도입이다. 야노 경제연구소는 2019년도 물류 로보틱스 시장규모(사업자 매출액 기준)는 전년 대비 155.3% 상승한 131억 4,000만 엔으로 추정되며, 2030년에는 2019년 대비 약 11배 성장한 1,509억 9,000만 엔이 될 것이라고 전망했다. 2019년 사람과 협동해 일하는 피킹 자율주행 로봇(AMR)이 판매되기 시작했고, 피킹 작업을 하는 GTP형 무인 운반 로봇 AGV와 로봇 자동창고가 나날이 발전해가고 있다.

일본은 2014년 경부터 물류 로봇 개발에 힘써왔고, 그 후 해마다 새로운 종류의 로봇들이 물류 시장에 투입되고 있다. 물류 로봇에 포함되는 것은 출입고 작업 로봇, 피킹 로봇, 반송·분류 로봇 등이다. 일반적으로 물류 현장에서 상품을 취급하는 과정은 〈입하-보관-분류-출하〉의 흐름을 가지고 있다. 이 과정 중에서 로봇이 가장 활발하게 사용되는 부분은 상품을 실은 팔레트(화물을 쌓는 대를 뜻하는 pallet의 규범 표기는 팰릿이나, 이 책에서는 현장에서 쓰는 용어인 팔레트를 사용하겠다.)로부터 상품을 차례로 쌓아 내리는 디퍼레타이즈(Depalletize)이다.

하지만 이 부분에 있어서 로봇의 활용이 일반화되기 위해서는 몇 가지 과제가 남아 있다. 제조공장의 산업용 로봇은 제조할 물품의 정확한 양과 규격이 정해져 있어서 표준화시키기가 쉽다. 그러나 물류 로봇은 옮겨야 할 물량이 미리 정해져 있지 않고, 제품마다 패킹 방식도 다양해서 작업을 완전 표준화하는 데는 한계가 있다. 그런데 작업이 완전 표준화되지 않을 경우, 디퍼레타이즈 과정에서 로봇이 제품을 떨어뜨리는 경우가 발생할 수 있다.

따라서 물류 로봇의 보급을 실현하기 위해서는 운반물의 방향과 무게, 상자의 형태 등을 사전 등록 작업이 없어도, 그리고 로봇 동작에 대한 교시가 따로 없어도 가동 가능한 구조를 구축하는 것이 필요하다. 또한, 매우 중요한 것은 운반 성공률을 100%에 근접하게 만드는 것이다. 이를 위해 로봇을 사용하는 목적과 이유에 부합하도록 로봇 제어 기술의 혁신과 발전이 필요하다. 이러한 물류 로봇의 발전과 활용화에 박차를 가하고 있는 일본의 몇몇 기업들을 소개해 보겠다.

우선 앞서 언급한 적 있는 MUJIN. 미국 CMU 출신과 일본인 사업가가 일본 iREX 2009에서 만나, 2011년 7월에 설립했다. MUJIN은 2014년부터 물류 전용 로봇 본체 제어 콘트롤러를 개발하고, 각종 물류센터에 이 로봇들을 공급해왔다. 2019년 2월엔 유니클로와 제휴해, 티셔츠 포장 로봇을 개발, 100%에 가까운 공장 자동화를 달성할 수 있다고 밝혔다. 또 2021년 11월에는 제3자 물류업체인 히타치 물류와 협력해 지바현의 물류센터에 지능형 로봇 3대를 설치하고 가동을 시작했다.

그다음으로 교토 로보틱스는 2000년 리츠 메이칸 대학에서 출발한 1호 벤처기업이다. 2011년, 세계 최초로 산업용 로봇에 장착이 가능한 3차원 로봇 비전 센서 'TVS'를 개발했고, 200여 개 이상의 기업들이 이 비전 센서를 활용해 FA를 구축했다. 그리고 2017년부터 물류 분야에 진출하여 3차원 비전 센서와 함께 AI 제어 시스템 기반의 화물 적재 및 하역 자동화 분야에서 놀라운 성장을 하고 있다. 2019년 6월에는 중국 현지 기업과 공동 출자로 합작법인을 설립하고, 중국 물류 로봇 시장에 진출하여 물류 시설을 위한 화물 적하 및 팔레트 적재 자동화 로봇 시스템을 공급했다. 그리고 2021년에는 일본의 대표적 거대기업으로, 전기기기를 중심으로 하는 기계 종합 제조회사인 히타치 제작소에 인수됐다. 히타치는 로봇 SI 사업을 고부가가치 사업으로 집중 육성하겠다고 밝혔다.

현재 상용화되어 있는 물류 로봇은 렉스플러스(LexxPluss)의 자동 반송 로봇이다. 물류 로봇 개발사 렉스플러스는 물류 창고에 보관된 택배를 자동 반송하는 로봇을 개발했다. 이 로봇은 자유자재로 주행하는 화물 운반 로봇으로 창고 바닥에 그려진 동선을 따라 궤도 주행하는 기능과 장애물을 피해 자율적으로 루트를 선택하는 기능을 보유하고 있다. 창고의 빈 공간이나 혼잡 상황에 맞게 두 가지 기능을 구분해서 사용할 수 있다. 물류업계에서 두 가지 기능을 모두 보유한 로봇은 흔치 않다고 알려져 있다.

렉스플러스는 물류 로봇의 가격 부담이 만만치 않은 것을 고려하여, 기업의 비용 부담을 줄여 주기 위해서 정액제로 로봇을 렌탈해 주는 '로봇 애즈 어 서비스(RaaS)'를 시작했다. 물류 로봇의 경우, 아무래도 가격이 높다 보니 보급이 원활히 진행되지 않았다. 하지만 일본의 물류업계는 만성적인 일손 부족으로, 작업자를 대체할 수 있는 물류 로봇이 꼭 필요하다. 따라서 렉스플러스는 '로봇 애즈 어 서비스'의 형식으로 로봇을 출시했다. 이 서비스는 로봇을 제조 원가에 가까운 150만~300만 엔에 판매한 후 1대 당 월정액 5만~10만 엔의 이용료를 받고 있다.

그라운드(GROUND)는 물류 시스템 개발사이다. 그라운드가 다이오 제지의 자회사와 제휴해 업계 최초로 무선 자동식별(RFID)을 탑재한 자율형 협동 로봇을 개발했다. 이 로봇은 2021년 3월 1일부터 판매를 시작했다. 이 로봇은 창고 피킹 작업을 지원하는 로봇으로, 작업자가 선반에 짐을 놓는 순간 로봇이 상품 정보를 인식한다.

이 물류 로봇은 다이오 제지 자회사에서 RFID의 IC 태그 발행 등을 다루는 다이오 엔지니어링과 공동 개발했다. 그라운드는 자사의 물류 로봇 'PEER(피아)'에 RFID 태그를 읽어내는 리더를 탑재했다. 현재 고니시 의료기 물류센터에 납품하고 있으며 2021년 3월 말부터 본격 가동하고 있다. 제품명은 'PEER SpeeMa+(피아 스피마 플러스)'이다. 기존에는 택배에 부착된 2차원 바코드를 작업자가 일일이 스캔해야 했는데, RFID를 활용하면 작업자가 피킹한 화물을 선반에 올려놓는 순간 상품명, 제조사명, 수량 정보를 인식할 수 있어 바코드를 따로 스캔하지 않아도 된다. 작업량과 노동이 엄청나게 줄어든 것이다. 최근에는 유니클로의 셀프 계산대와 요양 시설의 소지품 확인 시스템에도 RFID가 도입됐다. 그라운드는 물류 현장에서의 RFID 도입 확대를 예측하고, 반년 만에 새로운 물류 로봇을 개발해 EC 유통 관련 기업을 대상으로 적극적으로 판매 활동을 펼치고 있다.

이외에도 센코(Senko), 파르탁(PALTAC), 퍼스트 리테일링 등 대기업들은 자사 물류 창고에 물류 로봇을 도입하는 실증 실험을 진행하고 있다. 센코는 2017년, 무거운 음료 박스 하역에 지친 작업자들을 위해 로봇팔을 도입했다. 센코가 도입한 로봇팔은 파낙(FANUC)의 로봇팔과 옴니요시다 사의 로봇손인데 그 기능을 계속 개선해 가며 발전해서 현재는 26가지의 새 품목에 맞춰 로봇 시스템이 자동으로 상품을 옮겨 실을 수 있다.

일본의 물류 로봇 활용은 시작된 지 얼마 되지 않는다. 하지만, 일본 물류 현장 상황이 로봇의 도움이 상당히 절실한 만큼, 로봇 활용에 대한 관심도 매우 높고, 또 연구, 개발도 활발하여 매우 빠른 속도로 성장할 것이 예상된다. 야노 경제연구소에 의하면, 현재 실증 실험을 진행 중인 라스트 원 마일사의 옥외 배달 로봇이나 드론 로봇도 도로 교통법이나 항공법의 개정 및 완화가 진행되면 5년 이내에 실용화될 가능성이 높다. 이러한 옥외용 물류 로봇이 가세하면 물류 로봇 시장 규모는 2025년도에 583억 엔, 2030년도에는 1,509억 9,000만 엔까지 확대될 것이다.

중국, 글로벌 물류 자동화를 이끌다

중국은 미국과 함께 물류 자동화 분야에서 선두를 달리고 있다. HELLOT 이동재 기자의 기사가 글로벌 물류 자동화를 이끌고 있는 중국의 스마트 물류 사업을 아주 자세히 잘 소개하고 있어 그 기사('스마트팩토리에서 무인창고까지…글로벌 물류 자동화 선도하는 중국', 2021.06.10)를 토대로 다시 정리해 보겠다. 2018년 중국의 스마트 물류 시장 규모는 4,000억 위안(약 69조 원)을 초과했고 2025년에는 약 1조 위안(약 174조 원)을 돌파할 것으로 예측된다고 한다.

중국은 일찍부터 국가 차원에서 물류의 스마트화를 추진해 왔는데, 중국 정부는 디지털 물류 인프라 건설 강화와 운송 수단, 물류센터 등 물류 요소의 디지털화에 많은 돈을 투자했다고 한다. 중국 물류 및 구매 연합회에 따르면 국가 차원의 전략적 투자와 넓은 공장 부지 등 자동화에 유리한 제조 환경이 맞아떨어지면서 중국의 공장 및 물류센터들은 빠르게 자동화 단계에 들어섰다.

드론 및 로봇 배송, AGV(Automated Guided Vehicle), 스마트 택배 보관함, 스마트 콜드체인, 웨어러블 설비, 3D프린터, 빅데이터 분석 등 주요 기술들은 중국에서 이미 상용화를 시작했고, 알리바바, 징동 등의 대기업들은 풀필먼트에서 라스트마일 배송에 이르는 물류 전 과정에 물류 로봇을 적용시켜 무인 물류 분야를 넓혀가고 있다고 한다. 또한, 자율주행을 적용한 무인트럭, VR·AR 기술을 적용한 증강분석 등도 상용화가 코앞이라고 한다. 중국 매체 신전략기계인전매체(新战略机器人全媒体)가 보도한 2020~2021 중국 산업용 이동로봇(AGV/AMR) 산업 발전 연구보고서에 따르면 지난해 중국 시장에서 새롭게 생산된 이동 로봇 수는 4만 1천 대에 이르는데, 이는 2019년 대비 22.75% 증가한 것이라고 한다.

이런 중국이 지난 2021년에 열렸던 '국제 물류 산업 대전 2021'에 처음으로 참여했다. 관람객들은 중국에서 참여한 두 업체에 집중 관심을 보였다. '국제 물류 산업 대전 2021'에 참여한 중국의 두 업체는 하이크로봇과 비전나브 로보틱스다. 두 기업은 이미 뛰어난 기술력으로 중국 AGV, 무인 지게차 시장에서 핵심 기업으로 자리 잡았고, 이제는 글로벌 시장으로 도약을 꾀하고 있다고 한다. 이 두 업체를 통해 현재 중국의 물류 로봇 기술을 확인해 보자.

하이크로봇은 머신비전 전문기업 하이크비전(HIKVISION)의 자회사다. 하이크로봇은 하이크비전의 비전 기술을 바탕으로 자체 개발한 지능형 창고 로봇 시스템, 저상형 모바일 로봇, 지게차 모바일 로봇 등의 제품을 공개하며 중국 물류 시장에서 중요 위치를 차지하기 시작했다고 한다. 그리고 현재는 천 명이 넘는 R&D 전문 인력으로 모바일 로봇, 머신비전, 드론 등 하드웨어 분야뿐만 아니라 지능형 창고 관리 시스템과 로봇 제어 시스템 등 소프트웨어 분야까지 제공하는 종합 물류 솔루션 기업으로 성장했다고 한다.

하이크로봇의 제품과 솔루션은 자동차, 식품, 제약 등 다양한 산업의 입고, 분배, 데이터를 특정한 조건에 따라 일정한 순서가 되도록 다시 배열하는 일인 소팅, 출고 등 물류 프로세스 전반에 광범위하게 적용되고 있다. 하이크로봇이 이번 전시회에서 선보인 제품은 모바일 로봇이다. LMR(Latent Mobile Robot)은 리프팅 방식의 모바일 로봇 제품으로, 바닥에서 30cm 가량 떠 있는 팔레트의 아래쪽으로 들어가 화물을 들어 올리고 원하는 곳으로 이동시킨다. FMR(Forklift Mobile Robot)은 팔레트, 박스의 자동화 운반에 초점을 맞춘 모바일 로봇 제품이다. 전방향 하이 리프터 형, 운반형, 카운터 밸러스 형 무인 지게차 라인 등

제품 종류가 다양하다. 하이크로봇의 FMR은 SLAM 네비게이션과 시각 지능 보조 포지셔닝을 응용해 물품 수령 정확도가 ±5mm에 달할 만큼 높은 정확도를 구현한다.

또, 하이크로봇은 두 플랫폼과 LMR, FMR 등의 모바일 로봇을 이용한 지능형 창고 물류 통합 솔루션을 DHL Express, Superdry, 폴크스바겐 등 다수의 글로벌 기업들에게 제공하고 있다. 그중 폴크스바겐의 경우, Foshan 지역에 부지 166만m²에 달하는 공장을 가지고 있는데, 복잡한 피킹 작업을 처리하고 효율성과 정확성을 높이기 위해 하이크로봇의 솔루션을 도입했다. 현재 Foshan 공장의 물류 시스템은 폴크스바겐의 자체 시스템과 하이크로봇의 RCS, iWMS와 47대의 LMR을 통합한 복잡한 시스템을 갖추고 있는데, 이로 인해 폴크스바겐 Foshan 공장의 수동 작업 강도는 30% 가량 감소했다. 게다가 창고에서의 출고 정확도, 생산라인 간 부품 공급 정확도도 100%라는 놀라운 성과를 이뤄내고 있다. 뿐만 아니라, 창고 정보를 실시간으로 교환해서 동적으로 재고를 배치하고 부하를 분산하는 등 지능형 물류 시스템을 실현함으로써, Foshan 공장은 성수기에는 수만 개의 부품을 포함, 하루에 2,400대의 차량을 생산하는 등 폴크스바겐의 중국 내 주요 공장이 되었다.

이러한 지능형 물류 시스템은 글로벌 택배 업체인 DHL에 상당히 적합하고 꼭 필요한 시스템이라 할 수 있다. 중국 상하이에는 DHL Express의 북아시아 허브(Shanghai North Asia Hub)가 있다. 이 허브는 아시아 태평양 지역에서 가장 큰 국제특송 환적센터로 매일 평균 12만 개의 화물을 처리한다. DHL의 상하이 허브는 중국에서 최초로 로봇 스마트 창고 솔루션을 도입한 택배 허브로 모바일 로봇, RCS, 지능형 iWMS를 연동한 통합 솔루션을 적용하고 있다. 빠른 조회와 디지털 관리, 무인 운영 확대로 작업 강도와 인건비를 낮췄고, 작업 효율성을 33% 향상했으며 품목 적층 상황을 효율적으로 관리해 공간 활용도를 40%까지 개선했다.

하이크로봇은 2016년 설립 이후, 중국 전국에 20여 개의 사무처를 두고 있으며, 중국 SCC, 포-폭스바겐(FAW-VOLKSWAGEN), 돈림(DONLIM, 新宝电器) 등 대형 기업과 협력하고 있다. 업종별로도 매우 다양하게 자동차, 가전, 식품 및 음료, 에너지, 의약, 전자상거래, 패션 산업에 로봇 기술을 적용해왔다. 이미지 처리, 인공지능(AI) 알고리즘, 3D 및 전송 인터페이스 등 기술 개발을 이어왔으며 이동 로봇 영역에서 하드웨어와 소프트웨어 개발을 해왔다. 연구개발진 수는 1천 500명을 넘어섰으며, 특허가 809건에 이른다. 2021년에는 27억 6,000만 위안 (약 5,130억 원)의 매출을 기록했다.

비전나브 로보틱스는 무인 지게차 전문기업이다. AICRobo

Robotics와 함께 중국 무인 지게차 시장을 양분하고 있는 핵심 기업으로, 무인 자율주행 기술 플랫폼을 기반으로 자체 개발한 고성능 비전 내비게이션 무인화 모듈을 지게차, 견인차 등에 적용해 AGV 같은 무인 자율주행차를 만들고 기업의 창고 자동화를 지원함으로써, 스마트 창고 무인 운송 솔루션에 주력하고 있다.

비전나브의 무인 지게차는 별도의 QR코드나 마커 없이 차량 전면과 앞단 포크에 탑재된 3D 비전 카메라와 센서만을 사용해 이동하고 움직이는 완전 자율주행 방식이다. 기존의 지게차를 개조하는 방식으로 무인화되기 때문에, 솔루션에 맞춰 공장을 새로 짓거나 인프라를 개축할 필요 없이 기존의 환경에 맞춘 무인화 컨설팅이 가능하다.

중국 선전(深圳)에 본사를 두고 있는 비전나브의 창업진은 도쿄대학, 홍콩 중문대학의 교수와 박사로 구성됐으며 직원의 70% 이상이 개발진인 것으로 알려졌다. 주로 비전 내비게이션, 운동제어, 로봇 인공지능(AI) 알고리즘 등 영역의 개발자들로, DJI, 텐센트 등 중국 유명 기업 출신들도 포함되어 있고, 현재 50가지 이상의 관련 기술 핵심 특허를 확보하고 있다. 이 인력들을 통해 비전나브는 인공지능(AI), 환경 인식, 딥러닝, 서보 제어 기술 등을 적용한 산업용 차량 무인 자율주행 기술을 개발했다.

이 기술들을 기반으로 한 무인 창고 솔루션은 이미 알리바바 그룹의 물류회사 차이냐오(CAINIAO, 茱鸟), DHL, 월마트(Walmart), 암웨이(Amway), 시노펙(SINOPEC, 中石化), 타파웨어(Tupperware) 등 다양한 산업군의 글로벌 회사들에 공급되고 있다. 비전나브 관계자의 말에 따르면 "한국의 S사, L사, C사 등 대기업에선 비전나브의 제품을 쓰고 있다"고 한다. 비전나브는 현재 글로벌 시장 입지를 확대할 계획으로 홍콩, 동남아, 동아시아, 중동, 유럽과 미국 등 시장 진출을 꾀하고 있다.

이 두 회사 외에도 시아순(SIASUN, 新松机器人)은 해외 시장에서 크게 성장하고 있는데, BMW의 글로벌 적격 공급업체가 돼 3년간의 업무 협약을 체결했다. 미쉐린 타이어의 글로벌 공장 레이저 스크레이퍼 구축 협약도 체결했으며, 벤츠, 혼다, 도요타, 폭스바겐 등과도 협력했다. 중국 유명 자동차 배터리 기업에도 200대의 고정밀 AGV를 공급했다. 이중 절반은 독일 공장에 적용됐다.

중국 긱플러스(GEEK+, 极智嘉)는 미국 선두 물류 운반 시스템 통합 기업 컨베이코테크놀로지스(Conveyco Technologies)와 전략적 협력 파트너십을 맺고 북미 지역 고객을 위한 물류 로봇 솔루션을 공급하기로 했다. 뿐만 아니라, 세계 공급망 기술 기업 쾨르버(Körber)와도 협력을 선언했으며, 쿠에커로지스틱스 그룹(Kuecker Logistics Group)과도 북미 스마트 물류 사업에서 협력하기로 했다.

2020년 8월, 퀵트론(Quictron, 快仓智能)은 독일 키온(KION) 그룹과 협

력하기로 하고 산하 여러 글로벌 운송 기업에 제품을 공급했다. 무샤이니(MUSHINY, 牧星智能)는 한국 시장에서 입지를 넓혔으며, 모던엑스포(Modern-Expo), SPAN 등과 전략적 협력을 맺고 동유럽과 중동 시장에 공동 진출키로 했다. 시리우스(Syrius, 炬星)는 일본 물류회사에 제품을 공급했다.

이외에도 여러 기업이 해외 시장에서 성과를 냈다. 궈쯔(GUOZI, 国自机器人), 여우이봇(YOUIBOT, 优艾智合), 카썬(CASUN, 佳顺智能), 징위안 메카노 일렉트릭(JINGYUAN Mechano-electric, 井源机电), AGV(艾吉威), LGMG(临工智科), 항차(HANGCHA, 杭叉智能) 등 기업이 해외 시장에서 여러 가지 성과를 내고 있다.

중국의 물류 로봇 기술은 우리나라보다 몇 년 앞서 있는 것이 사실이다. 처음에도 언급했듯이 중국은 국가적 차원에서 지원을 했고, 빠르게 성장했으며 무엇보다 가격에 있어서 경쟁력을 가지고 있다. 중국 물류 로봇은 우리나라보다 반값 싸다는 말이 있을 정도다. 로봇 제품은 워낙 고가의 제품들이라 반값 정도로 판매를 한다는 것은 정말 파격적인 요소일 것이다. 따라서 머지않아 중국의 로봇들이 전 세계 물류 시장을 점령할 수 있다.

호주와 벨기에, 국가가 주도하는 물류 산업

넓은 땅덩어리와 청정자연을 가진 호주는 여러 가지 산업이 발달해 있다. 그중에서 낙농업 분야와 같이 수출 주력 분야들이 있어, 물류가 매우 중요한 역할을 담당하고 있다. 그런데 호주 역시, 코로나 19의 타격이 매우 컸다. 호주 정부는 어려움에 봉착한 경제를 일으키기 위해 물류 산업 분야의 활성화를 선언하고 국가적인 차원에서 지원하기로 했다.

2021년 10월 자 〈KOTRA 해외시장뉴스〉에 따르면, 호주는 국가 운송 및 유통 구조 전략(National Freight and Supply chain Strategy)과 시행 계획을 발표하고, 물류 시스템의 중요성과 함께 국가 차원의 비전을 제시했다. 호주 정부는 무엇보다 물류 시스템의 안전성과 생산성, 회복력을 높이는데 집중하기로 했다. 그래서 2020년에 이어 2021년 예산안에서 1,100억 호주 달러를 물류 네트워크와 관련된 인프라 건설 계획에 책정했다.

1,100억 호주 달러면 우리나라 돈으로 99조에 가까운 큰 돈이다. 이 어마어마한 예산 중에서 30억 호주 달러(약 2조 7천억 원)에 가까운 돈이 도로 안전 프로그램에 투입됐다. 도로 안전 프로그램에 3조에 가

까운 돈이 들어간다니, 모르는 사람들은 조금 갸웃할 일이다. 그런데 사실 호주는 매년 교통사고로 인해 300억 호주 달러(약 27조)에 가까운 엄청난 비용을 지불하고 있다. 사고의 대부분은 대형 트럭과 차량 간에 발생한 사고들이다. 호주 정부는 2020년 5월엔 지역 도로 및 공공기반시설 안전 프로젝트에 총 5억 호주 달러(약 4천 5백억 원)을 투자했고 추가적으로 10억 달러(약 9천억 원)의 예산을 배정하기도 했다.

호주 물류 협회는 물류, 교통, 운송, 철도, 항공, 해양 운송업에 종사하는 근로자들의 도전과제, 특히 인력 부족과 정보 데이터 온라인화를 주요 사안으로 발표한 바 있다. 호주 산업 기준청의 설문조사에 따르면, 물류 기업의 80% 이상이 인력 부족 현상을 겪고 있다. 그중에서도 호주의 넓은 땅 위를 달려줘야 할 트럭 운전사들과 운반차 운전사의 고용이 가장 어렵고, 트레이너와 매니저를 구하기도 어려운 실정이다.

이러한 인력 부족의 주요 이유는 낮은 연봉과 직원들의 고령화, 직업에 대한 부정적인 인식, 자격증 획득을 위한 비용과 시간 투자 필요 등 때문이다. 호주 정부는 이러한 심각한 인력난을 해결하기 위해서 관련 기업들과 함께 다각도로 노력을 기울이고 있다. 특히 인력 부족을 해결할 방안의 하나로 물류 시스템의 빠른 자동화 전환을 추진하고 있다. 이미 호주 주요 항구인 멜버른 항과 브리즈번 항, 시드니의 보타니 항 등의 컨테이너 터미널은 자동화 시스템으로 운영되고 있다. 제품 수령과 물류 보관, 출고 등을 하나의 센터에서 효율적으로 관리하는 통합 운송 시설이 개발되었고, 물류창고 운영이나 제품 트레킹, 배송 시스템 등에 IOT(사물인터넷) 기술이 적용되어 있다.

이러한 자동화 시스템은 업무를 빠르게 진행시킬 뿐 아니라, 인력난도 어느 정도 해결해 주고 있다. 호주 물류업계는 정부와 기업이 힘을 모아 최신 물류 시스템과 관련된 능력 개발, 용어 교육, 트레이닝과 관련된 인재 개발에 많은 투자와 노력을 기울이고 있다.

이번에는 우리에게 와플과 초콜릿으로 유명한 나라 벨기에를 살펴보겠다. 그런데 사실 벨기에는 물류 산업이 매우 발달한 나라로도 유명하다. 벨기에는 우리나라의 경상도 크기 정도의 아주 작은 나라이고, 인구는 천만 명이 조금 넘는다. 따라서 내수시장의 규모는 매우 작다. 하지만 주변에 프랑스와 네덜란드, 독일과 룩셈부르크와 맞닿아 있다. 바다 건너에는 바로 영국이 있다. 즉 유럽의 구매력 60% 이상을 차지하는 프랑스, 독일, 영국이 이웃 나라인 것이다.

이들 틈에 위치해 있는 벨기에는 예로부터 수출을 위한 고부가 가치 제조업이 발달했고, 또 예로부터 '유럽의 관문'으로써 전략적 위치를 잘 활용해 물류 산업을 성장시켜 왔다. 벨기에는 위치상 육로와 수

〈벨기에 지도〉

네덜란드

북해

★ 브뤼셀

독일

프랑스

룩셈부르크

로, 철도, 항만, 공항 등 교통 인프라가 고도로 발달했고, 이 인프라를 바탕으로 물류 시스템의 현대화에 주력하여 현재는 세계적인 물류 기지로 성장했다.

이 물류 기지들은 해안선과 운하를 따라 앤트워프, 겐트, 리에주, 지브루헤 등의 도시들을 중심으로 발달했다. 2018년 코로나19 팬데믹 이전 벨기에 물류 산업은 세계은행이 발표한 '물류 성과 지수(LPI)'에서 전 세계 160개국 중 3위, 국제 선적 부분과 적시성 부문에서는 1위를 달성했다. 그러나 코로나로 인한 경기 침체는 벨기에 역시 피해갈 수 없었다. 공항과 항만의 발이 묶이자 벨기에 산업 전반이 침체기에 접어들었다.

그런데 이때, 놀랍게도 벨기에가 가지고 있던 특화된 물류 서비스가 이 어려운 시기를 헤쳐 나가는데 큰 역할을 했다. 그것은 다름 아니라, 벨기에가 특별히 갖추고 있던 제약 분야 물류 서비스에 특화된 '냉장 수송망'이었다. 브뤼셀 공항 및 리에주, 샤를루아 공항을 연결하는 냉장 수송망은 일정한 온도를 유지하는 것이 중요한 의약품 수송에 활발히 사용되고 있다. 코로나 기간 동안 유럽에서 수출되는 의약품 6개 중 1개가 벨기에에서 출발했다고 한다.

앤트워프는 벨기에 제2의 도시이며 대서양과 인접해 있는 항구도시다. 벨기에 동부 플란더스 지방에 위치한 앤트워프 항구는 네델란드의 로테르담에 이어 유럽에서 두 번째로 큰 항구이며 의약품 유통을 위한 세계 최초의 항구이다. 앤트워프 항구는 냉장 수송망과 긴밀히 연결되어 있는데, 이 냉장 수송망은 앤트워프와 하셀트시 외곽에 설립된 의약품 배송센터와 연계되어 글로벌 제약기업들의 물류 허브로서의 역할을 담당하고 있다.

또한, 2021년 10월에는 플란더스 지방에 세계 최대 초콜릿 유통센터가 개장했다. 칼리바우트는 연 50만 톤의 초콜릿을 생산하는데, 그 중 7천 5백만kg의 포장된 초콜릿 제품이 수출용 초콜릿을 신선하게

공급하기 위한 목적으로 설립된 이 유통센터를 통해 18°C를 일정하게
유지하며 세계로 수출된다.

　코로나19 팬데믹이 참 많은 부분 우리의 일상을 변화시켰다는 이
야기를 계속하게 되는데, 물류 산업에 있어서는 정말 획기적인 변화
를 넘어 놀라운 발전을 가져왔다고 말할 수 있다. 벨기에 역시 그렇다.
코로나19 팬데믹 기간 동안 전자상거래의 배송상품이 급증하면서 자
동차를 통한 물류 프로세스의 효율성이 증가했다. 또한, 전자상거래

증가와 디지털 전환이 접목되면서 산업 전반에 다양한 자동화 기술이 도입되는 중이다. 물류 자동화가 가속화되면 인력을 필요로 했던 일이 줄고 로봇이 그 자리를 대체할 것으로 예상된다. 벨기에 역시 인구가 많은 편이 아니어서 물류 기업들마다 일손이 부족한 상황이었다. 그러다 보니 시스템의 자동화와 로봇 기술들이 각광 받고 있으며 나날이 개발되고 있다.

미국, 비대면 물류기술에 투자 확대

코로나19 팬데믹을 기점으로 미국의 물류 시스템에서는 자율주행차가 가장 큰 이슈이다. 코로나19 팬데믹의 여파가 자못 심각했던 미국은 배달 로봇 등 비대면 물류 서비스가 크게 증가함에 따라 자율주행차를 중심으로 한 비대면 물류기술 개발기업에 대한 투자가 유례없이 급증하고 있다. 로이터통신에 따르면, 최근 벤처 캐피털 등 투자자들은 자율주행차를 중심으로 배달 로봇, 키오스크, 드론 관련 20여 기술 기업에 무려 60억 달러 정도를 투자했다. 7조가 훌쩍 넘는 큰 금액이다.

이러한 관심과 투자를 받은 대표적인 기업이 바로 구글 슬렉스의 연구소에서 개발하는 무인 자동차 기업 웨이모(Waymo)다. 웨이모는 무인 배달 차량을 전문적으로 개발하면서 최근 벤처 캐피털 등의 투자기관에서 한 달에만 7억 5,000만 달러를 투자받았다. 또, 대형 화물 운송업체 UPS, 슈퍼마켓 기업 월마트와 계약을 체결하고 파일럿 자율주행 차량 출시를 준비하고 있다.

중국계 자율주행 트럭업체인 투심플(TuSimple)은 2019년 9월 2억 1,500만 달러를 받아 투자금을 12억 달러 이상으로 끌어올렸다. 2015년 설립된 투심플은 자율주행 장거리 화물배송 기술기업으로, 본사는 중국 베이징 및 미국 캘리포니아 샌디에이고에 위치하고 있다.

코로나19 팬데믹으로 인해 확산된 비대면 문화가 자율주행차 시대를 앞당기는 역할을 했다는 것은 버지니아주 페어팩스시가 도시봉쇄로 인해 스타쉽 테크놀로지(Starship Technologies) 사의 배달 로봇을 도입한 사례를 통해 잘 알 수 있다.

페어팩스시의 크리스토퍼 브루노 경제개발실장은 코로나19 팬데믹이 아니었다면 배달 로봇 도입에 부정적이었을 것이라고 밝히면서 신규 사업 승인은 통상 6~10개월 소요되나 스타쉽의 로봇은 1주일 반 만에 승인됐다고 말했다. 페어팩스시 시내에는 스타쉽 로봇 20여 개가 거리를 활보하며 인간 대신 물품을 배달한다. 스타쉽 측에 따르면, 전 세계적으로도 봉쇄령이 이어지면서 자율주행 로봇의 수요도 급증하고 있는데, 스타쉽 로봇은 총 50만 마일(약 80만km)을 넘게 이동하면서 10만 건 이상 배달이 가능하다고 말했다.

포니닷.ai(Pony.ai) 사의 제임스 팽 창업자는 도시 전체를 마비시킨 코로나19 팬데믹은 배달 서비스에 기계를 이용하기에 최적의 조건이라고 강조했다. 포니닷.ai는 지난 2018년 창업해 1년 만에 독자 자율

(사진: 연합뉴스)

주행 기술 개발에 성공했다. 기관 투자자로 참여한 도요타 자동차는 이 회사의 기업 가치를 30억 달러 이상으로 평가했다.

영국, 물류 플랫폼 혁신을 이루다

영국은 인터넷 쇼핑의 초창기 주역이었다. 초기 인터넷 쇼핑이 시작됐을 때, 영국인들은 여행상품을 필두로 의류, 서적, 가구, 가전제품 등 다양한 상품들을 온라인으로 구입하며 온라인 소비의 일인자로 등극했다. 참고로 현재는 전체 쇼핑 중 온라인 쇼핑의 비중 순위는 중국, 대한민국, 영국 순이다. 2등 순위에 있는 대한민국이 눈에 띈다. 전 세계 쇼핑 시장은 인구에 비례하기 때문에 미국과 중국이 거대 시장이다. 하지만 전체 쇼핑 중 온라인 쇼핑의 비중 순위를 보자면 아무래도 디지털 강국 국가들이 높은 순위에 머무를 것이다.

이렇게 온라인 쇼핑에 일찍 눈을 뜬 영국이지만 영국 역시 코로나 19 팬데믹 이후, 온라인 구매 수요가 폭발적으로 증가했다. 그러다 보니 영국의 물류업체들은 무엇보다 빠르고 효율적인 배송 시스템에 발빠르게 움직였다. 영국의 경우 특별히 식료품 배달 분야가 발달했는데 식료품의 경우 일반 택배와는 달리 신선도와 속도가 중요하다 할 수 있다.

이 식료품 분야에서 빠른 발전으로 독보적으로 눈에 띄는 그룹이 바로 글로벌 온라인 식료품 풀필먼트 업체인 '오카도(Ocado)'이다. 오카도는 영국의 온라인 슈퍼마켓 사업자라 할 수 있는데 아마존이 몇 차례 러브콜을 보내고 우리나라 신세계 정용진 부회장이 온라인몰 전용 물류센터를 만들면서 영향을 받은 슈퍼마켓이기도 하다. 재고 처리로 마진을 남기기가 힘들다는 온라인 신선 식품 분야에서 2011년부터 흑자를 내고 있는 회사, 오카도를 통해 영국의 현재 물류 시스템 현황과 세계적인 물류 시스템의 모범 답안을 소개해 보겠다.

오카도는 2000년 영국에서 매장 없는 온라인 슈퍼마켓으로 출발했다. 당시는 영국의 전체 식료품 매출에서 온라인의 비율이 0.5%에도 미치지 못하던 시절이다. 투자은행 골드만삭스에서 일했던 팀 스타이너를 비롯해 창업자 3명은 식료품 시장이 가장 지출이 많은 영역인데 아직 온라인 분야가 발달하지 못했다는 것에 주목했다. 그리고 온라인 식료품 배송을 자동화한다면 시장이 크게 확장될 것이라는 믿음과 비전을 가졌다.

그렇게 오카도는 오프라인 매장 하나 없이, 오직 홈페이지 하나와 트럭 몇 대만으로 시작했다. 그런데 오카도는 현재도 역시 점포 하나 없이 4개의 물류 창고로 총 5만 5,000개 정도의 판매 품목을 일주일 평균 2020년 기준 36만 건의 주문을 해결, 현재 영국 가정의 70%가 이용하고 있는 세계 최대 규모의 온라인 식료품 소매 마켓이 되었다. 온라인 소매 마켓이라 함은 우리나라의 마켓컬리나 쿠팡을 생각하면 된다. 회사명 '오카도(Ocado)'는 보관이 어렵고, 금방 상하는 과일인 아보카도까지 신선하고, 신속하게 배송하겠다는 의지가 담긴 회사명이다.

(사진: 연합뉴스)

그동안 테스코(TESCO)라는 거대한 유통기업이 지배하고 있던 영국 내 시장에서 오카도는 어떻게 이렇게 빠르게 성장할 수 있었을까? 오카도의 성장 원인은 '빠른 배송'과 '재고 없음'을 추구하는 기업의 비전에 있다.

오카도는 영국에 있는 총 4개의 물류센터에서 주문량 중 95%의 식료품을 24시간 안에 고객에게 배송한다. 기존 마트가 시간당 120개의 주문을 처리하는 동안 오카도는 5배에 가까운 시간당 550개의 주문을 처리할 수 있는 생산성을 가지고 있기에 가능한 일이다. 어떻게 그런 생산성을 가지게 되었을까?

그 첫 번째 비결은 인공지능형 AI 물류창고인 중앙물류센터 CFC(Customer Fulfillment Center)이다. 오카도는 앞서 말한 것처럼 4개의 물류 창고를 가지고 있다. 그런데 오카도의 창고는 단순히 창고 그 이상의 역할을 하기 때문에 CFC라는 특별한 이름으로 불린다. 오카도의 세 번째 물류 창고인 영국 앤도버 물류센터에서부터 시작된 CFC는 무려 6,700평으로 축구장 3개의 크기다. 넓은 부지의 이 창고 안에서 상품 조달부터 입고, 판매, 출고, 출하, 배송까지 유통업의 모든 단계가 이루어진다. CFC의 핵심 기술력은 AI, 머신러닝(컴퓨터 프로그램이 데이터와 처리 경험을 이용한 학습을 통해 정보 처리 능력을 향상시키는 것.), 로보틱스 등의 첨단이 집약되어 있다.

CFC 내에는 '하이브'라고 불리는 아파트형 상품 보관함이 배치돼 있다. 이 보관함은 층층이 쌓아 올린 '스마트 플랫폼' 시스템이다. 칸 하나마다 아래쪽으로 컨테이너가 5개씩 쌓여, 총 5단으로 구성되어 있고 각 단의 칸마다 다른 식품, 고기나 우유, 채소 등 5만여 개의 상품이 든 박스가 쌓여 있다. 이런 방식으로 채워진 바둑판은 21층까지 쌓을 수 있다. 이 바둑판 위를 1,100개의 세탁기만한 캐비닛 모양의 '풀필먼트' 로봇이 바삐 움직이며 소비자들이 주문한 상품을 해당 보관함에 넣는다.

위에서 보면 바둑판 같은 형태로 수백 개의 보관함이 나열돼 있고, 각 보관함 위, 거대한 바둑판 모양의 알루미늄 그리드 시스템 위에서 로봇들이 바쁘게 돌아다니며 소비자가 주문한 수량을 정확한 위치에 가져와 장바구니로 이동시키는 것이다. 로봇 하나가 한 번에 최대 10kg을 운반할 수 있고, 하루 이동 거리 50~60km이며, 알아서 재충전까지 한다. 로봇 1,100대의 업무를 합치면 매일 지구 둘레 4.5배를 다니고 매주 6만 5천 건의 주문을 처리한다.

거대한 '벌집'과도 같은 CFC 꼭대기에서 바퀴 달린 로봇 1,100대가 초속 4m의 속도로 격자 레일 위를 빠르게 오가며 벌집 속 상자에서 분주하게 물건을 집어 올리는데, 로봇들끼리의 간격은 불과 3~4cm이다. 하지만 초당 300만 회에 달하는 계산을 한 제어 시스템

(사진: 연합뉴스)

이 4G 네트워크 통신을 통해 초당 10회씩 각 로봇과 통신하며 로봇끼리 서로 부딪히지 않고, 업무가 겹쳐지지 않도록 지시한다.

뿐만 아니라, 머신러닝으로 여러 상황을 학습한 로봇들은 박스를 한쪽으로 기울여 수월하게 물품을 집는 수준에 이르렀다. 또, 주문품이 담긴 상자가 아래쪽 단에 있으면 근처 로봇들이 협력해 해당 상자가 나올 때까지 윗단의 상자들을 순서대로 들어 올려주기까지 한다. 협업이 가능한 것이다. 이렇게 매우 효율적인 작업에서 사람의 노동력은 전혀 필요하지 않다.

CHAPTER 3 물류 혁신, 미래 경제를 주도하다

식료품의 경우 일반 택배상품과 달리 소비자들이 한 번에 수십 개의 상품을 구매하는 경우가 많고, 신선도 관리가 중요한데 오카도는 이런 부분을 모두 자동화 시스템으로 해결했다. 상품이 채워지면 소비자들에게 배송하기 위한 포장 단계로 넘어간다. 여기서는 로봇 피킹 암(Picking arm)이 해당 제품을 배송용 봉투에 넣는 작업을 한다. 이 과정에서는 로봇과 사람이 같이 일을 병행한다. 아마존의 물류 플랫폼이 여러 상품이 담긴 다층 선반을 인공지능 물류 로봇인 키바가 돌아다니면서 이동시키는 것과는 매우 다른 시스템이다. 이는 앞에서 소개한 노르웨이 기업 오토스토어와 상당히 유사한 방식이라 할 수 있다.

사실 오토스토어와 오카도는 유사한 원리로 동작하는 자동저장 및 회수시스템을 개발해 공급하고 있다. 그래서 오토스토어가 2020년에 오카도를 특허 침해 혐의로 미국과 영국 법원에 제소했었다. 오토스토어는 오카도가 지난 2012년부터 자사의 고객이었으며 AS/RS 시스템 및 로봇 기술을 도용했다고 주장했다. 이에 맞서 오카도도 오토스토어를 역제소했는데, 2021년 오토스토어가 오카도를 상대로 제기한 특허 침해 소송에서 패소한 바 있다.

2017년 오카도에 합류한 오카도 IT 솔루션 부문의 루크 젠슨 CEO는 "사람이 물건을 집어오는 물류센터는 AI 도움을 받더라도 한 명이 시간당 최대 200개의 품목을 꺼낼 수 있다. 반면, CFC에선 700개까지 가능하다"고 말했다. 그렇다면 로봇 하나의 생산성을 따라잡으려면 3.5명의 인력을 투입해야 하는 것이다. 이렇게 오카도의 CFC는 컨베이어 벨트를 이용한 순차적 주문 처리가 아닌, 1,100대의 인공지능 로봇이 주문을 동시에 처리함으로써 배송의 생산성이 크게 향상되었다.

2017년 영국 앤도버 물류센터에서는 50건의 주문을 처리하는 데 5분이 채 걸리지 않았다. 단순히 인력으로 비교하자면 사람 한 명이 평균적으로 1시간 15분에 걸려서 하는 일을 15분 만에 해결하는 것이다. 이 덕분에 오카도에서는 어떠한 신선 식품도 창고에서 5시간 이상 머무르는 일이 없게 된다. 이러한 생산성은 세계 최고의 유통기업 아마존도 따라올 수 없는 속도라 한다.

두 번째 비결은 남다른 배송 시스템이다. 오카도의 위성항법 시스템을 접목한 배송 차량은 연료량과 배달되는 집의 위치와 동선을 파악하여 최적화된 동선을 운전기사에게 제공한다. 이러한 최적의 경로를 통해 배송 시간이 단축된다. 또한 인공지능 기술을 사용할 수 있어 화물차의 저장온도를 차에 실린 상품에 맞게, 동선에 따라 조절하고 최적화한다. 참 놀라운 시스템이다. 고객은 구글 맵을 이용하여 주문한 상품의 배송 위치를 실시간으로 파악할 수 있다.

제임스 매튜 오카도 CEO는 2019년 《포브스》지와의 인터뷰에서 오카도의 배송 시스템을 "도로 상황, 교통량, 연료량 등을 고려해 배달 경로를 실시간으로 탐색하기 때문에 최단 시간에 배송할 수 있고 덕분에 식품의 변질, 파손도 거의 없다. 품목에 따라 저장창고에서 어떤 온도로 보관할지, 배송과정에서 어떤 온도로 유지할지를 계산하기 때문에 창고나 차 안에서 변질될 확률도 극히 낮다"고 말했다.

오카도의 또 하나 뛰어난 점은 인공지능 기술의 사용을 물류 시스템에만 국한시키지 않고, 빅데이터 분석을 통한 다양한 고객행태 분석 및 CRM(Customer Relationship Management, 고객관계관리) 전략에도 적용하고 있다는 것이다. 이들은 머신러닝을 통해 예측 알고리즘과 고객 구매 패턴을 실시간 모니터링하면서 수요를 예측하고 납품업체로부터 딱 필요한 만큼만 주문해 저장한 뒤, 5만 5,000여 개 품목의 재고와 유통기한을 수시로 파악, 적당한 타이밍에 할인 행사를 진행해 재고를 남기지 않는다.

제임스 매튜 오카도 CEO는 "우리는 매일 2천만 개 이상의 수요예측 모델을 만든다. 식품이 최선의 신선도를 유지할 수 있는 시간과 고객의 주문이 몰릴 시간의 접점을 찾아내 음식물 쓰레기를 줄이고 재고를 최소화한다"고 말했다.

루크 젠슨 CEO는 "과거 판매 데이터, 계절·날씨와 같은 각종 변수 등을 고려해 AI가 특정 날짜에 딸기나 오렌지가 얼마나 팔릴지 최소

오차로 예측한다"며 "이에 맞춰 로봇은 입고 물품을 어느 위치에 넣을지 정하기 때문에 효율이 극대화되고, 신선도가 떨어지거나 상해서 버려야 하는 제품 비율을 크게 낮출 수 있다"고 말했다.

이러한 수요 예측용 AI와 조달 시스템을 유지하고 발전시키기 위해 오카도는 수많은 소프트웨어, 하드웨어 개발 인력을 고용 중이다. 타 식료품 업체들은 보통 상품에 관련한 데이터를 수집하는데 집중하는 반면 오카도는 온라인의 이점을 살려 라이프 스타일, 국적, 문화, 종교 같은 데이터들까지도 수집하여 분석해 활용한다. 이러한 시스템의 개발자 숫자만 1,300여 명에 달하는데 그럼에도 오카도는 매년 개발자를 수백 명씩 늘리고 있다.

그런데 이렇게 자세히 오카도를 소개하는 이유는 오카도의 물류 시스템과 유통과정이 물류, 유통의 미래 비전이기 때문도 하지만 다음에 소개할 내용 때문이다. 상당히 놀라운 테크놀로지적인 시스템의 과정을 거쳐도 유통기한이 얼마 남지 않은 식품이 생길 수 있다. 그런 경우 오카도는 물류 창고 주변의 필요한 사람들에게 기부를 한다.

수잔 웨스트레이크 오카도 사회책임 대표는 "우리는 30여 곳 단체와 협업해 필요한 사람에게 제공하면서 신선 식품 쓰레기를 거의 제로로 줄였다. 3년 동안 이렇게 기부한 식품만 4,000톤에 달한다"고 말했다.

이런 스마트하고 책임 있는 과정을 통해 오카도는 식료품 유통회사임에도 불구, 폐기율이 거의 0%에 가깝다! 보통 대형마트가 3%, 편의점이 12%인데 참으로 놀라운 결과다. 오카도의 남은 과제는 집에서도 재고를 줄이는 것이라고 한다. "이제 우리는 고객이 냉장고에서 신선한 음식을 보관할 수 있는 시간을 더 길게 함으로써 집에서도 음식물 쓰레기를 줄일 수 있도록 하는데 집중하고 있다."

오카도의 성공 비결을 하나 더 소개하자면 오카도는 납품업체를 최소화했다. 일반 식료품 업체들은 보통 싼 값에 납품을 받기 위해 납품업체들의 수가 점점 많아진다. 그런데 오카도는 그런 일반적인 방식과 전혀 다른 방식으로 접근한다. 오카도는 영국 왕실에 식재료를 공급하는 영국 마트 체인 '웨이트로즈'로부터 주로 납품을 받는다. 이는 경쟁사와 제휴를 한 셈인데 오카도는 이 덕분에 양질의 식료품을 확보할 수 있었다. 현재 오카도 전체 매출에서 웨이트로즈 PB 제품이 차지하는 비율이 3분의 1에 달한다.

이렇게 최첨단 인공지능 및 빅데이터 분석 체계를 기반으로 하는 독자적인 유통 시스템을 개발하여 '소비의 미래'가 된 오카도. 그렇다면 오카도가 꿈꾸는 미래는 어떤 것일까?

오카도는 앞으로 물류센터를 20개 이상으로 늘려 배송 거리를 더 줄이고, 자율주행 차량을 통해 차가 알아서 최적의 경로와 보관 상태로 배송할 수 있도록 할 예정이다. 이를 위해, 물류센터에 이어 배송까지 자동화를 연구 중에 있다. 이 회사의 비지니스 목표가 전 유통의 로봇화이기 때문이다. 2017년 12월부터 오카도가 개발한 자율주행 배달 트럭 '카고팟'이 런던 시내를 누비며 시범 운행 중인데, 앞으로 24시간 365일 무인 배송을 가능하게 하겠다는 것이다.

'카고팟'은 자율주행 배송 트럭으로 8개의 작은 보관함을 단 소형 차량이다. 현재는 사람이 운전하는 경우와 자율주행의 경우를 겸용으로 사용할 수 있다. 그러나 궁극적인 목표는 자율적으로 주행하며 상품을 배송하는 로봇 트럭을 개발하는 것이다.

오카도의 클라크 이사는, "카고팟은 기존의 배달 차량들과는 달리 전기차로 제작되어 훨씬 친환경적인 특징을 가지고 있다"라고 소개한다. 또, "여러 개의 센서를 이용해서 GPS의 도움 없이도 도로를 주행해 목적지까지 도달할 수 있으며, 목적지에 도착하면 8개의 보관함 중 배송 상품이 들어 있는 상자를 열어 신선 식품을 배달할 수 있다"라고 말했다. 오카도의 매니저인 대니 켈리는 "육류, 베이커리 같은 신선 식품은 저장 수명이 짧다. 하지만 우리의 물류와 배송 혁신으로 각 가정에서 보관할 수 있는 시간이 최소 하루 이상 늘었다"고 말한다.

오카도는 핵심인력 자원이 되는 CFC 로봇의 진화를 위해 로봇 스타트업 2곳을 인수했다. '킨드레드 시스템(Kindred Systems)'과 '하딩턴

다이내믹스(Haddington Dynamics)'라는 업체인데 이 두 건의 인수로 로봇 기술과 배송 속도를 진화시키겠다는 목표이다. 또, 지난 22년 5월엔 자재 취급 분야 로봇 스타트업인 '미르멕스(Myrmex)'를 1,100만 달러(약 141억)에 인수했다. 미르멕스 인수로 '오카도 스마트 플랫폼'을 위한 지능형 자산 관리 시스템 개발을 가속화할 전망이다.

오카도는 이렇게 끊임없이 기술에 투자한다. 2017년에만 4,280만 파운드(약 647억 원)을 기술에 투자했고, 개발자 숫자만 1,100명이었다. 오카도는 이렇게 구축한 로봇 물류 솔루션을 다른 마트에 판매까지 한다. 2017년 프랑스의 마트 체인 카지노(casino), 캐나다의 소비스(Sobeys)와 로봇 기술 라이선스 계약을 맺고 2018년엔 아마존 경쟁사인 미국 크로거(kroger)의 물류센터 20개에 로봇 자동화 시스템을 제공하기로 했다.

또, 아시아 최초로 일본의 가장 큰 슈퍼마켓 체인 중 하나인 이온(AEON)에 로봇 자동화 식료품 판매 및 유통 시스템을 구축했다. 전 세계적으로 21,000여 개의 점포 및 1억 명의 고객을 보유한 이온에 기술을 제공한 것은 아시아 온라인 식료품 시장의 상당 부분에 오카도 기술이 진입할 수 있는 기회를 주고 있다.

그 외에도 막스 앤 스펜서와는 50대 50 합작 계약을 체결했고, 스페인 봉 프레 및 알캄포, 스웨덴 ICA, 호주 콜스와도 계약을 맺어, 현재 글로벌 8개국, 9개 업체와 파트너십을 맺고 있다.

　오카도는 현재 한국 진출을 희망하며 다양한 업체들과 논의 중이다. 베인앤 컨설팅 등에 따르면 한국 시장의 온라인 식료품 시장 규모는 2019년 15%에서 2025년 40% 수준으로 추산되어 성장 잠재력이 매우 높은 것으로 평가되고 있다. 오카도가 우리나라에 들어오면 물류 시장이 또 어떻게 변할까 사뭇 궁금해진다. 그런데 영국은 우리나라만큼 신선하고 다양한 식료품을 저렴하게 구매할 수 있는 오프라인 매장이 대도시에 별로 없는 나라이다. 하지만 우리나라는 작은 마트와 지역의 슈퍼마켓이 매우 발달되어 있어서 오카도의 신화가 우리나라에서도 과연 이어질 수 있을지 궁금하다.

미래로 나아가는 물류 산업

4차 산업의 모든 기술이
집약되는 산업

방금 살펴본 영국의 오카도와 같이, 전 세계적으로 물류, 유통기업들이 기술에 집중적으로 투자를 하면서 4차 산업의 모든 기술이 물류, 유통 분야에 적용이 되고 있다.

글로벌 물류시장의 중심이라고 할 수 있는 미국에서는 물류의 새로운 패러다임인 MFC(Micro Fulfillment Center)가 시작되었다. MFC는 도시형 물류 거점으로 풀필먼트의 다음 스텝이라 할 수 있겠다. 요즘 새벽배송, 당일배송이 아니라 빠름배송, 즉시배송과 같이 약 3시간 내 배송이 가능한 서비스가 등장하였다. 이러한 서비스가 가능한 것은 바로 MFC 덕분이다.

MFC는 일반 풀필먼트가 임대료가 저렴한 도심 외곽 지역에 위치하는 것과 다르게 도심 지역 내에 여러 개의 소규모 풀필먼트 센터로 운영된다. 주문이 들어오면 주문한 소비자와 가장 가까이 위치한 MFC에서 보유하고 있는 재고로 빠르게 최종 소비자에게 배송할 수 있다. 미국 내 물류시장을 전문적으로 연구하는 리서치업체 미국 로지스틱스 IQ에 따르면 오는 2026년, 미국 전역에는 약 2,000개 이상의 MFC가 자리 잡을 것이라고 전망했다.

물류 인력난이 지금처럼 불거지기 이전부터 배송 단계에서 로봇 도입은 이미 글로벌 물류업계의 주요 화두 중 하나였다. 시장 조사 기관 Marketsand Markets에서 지난 2019년 발표한 자료에 따르면 글로벌 배송 로봇 시장의 규모는 지난 2018년 1,190만 달러에서 오는 2024년 3,400만 달러로 크게 성장할 것으로 전망된다.

미국에 본사를 두고 있는 배송 로봇 개발업체 스타쉽 테크놀로지스는 올해 초 배송 로봇으로만 배달 건수 100만 건을 달성했다고 밝혔다. 설립 초기부터 마트에서 흔히 살 수 있는 작은 부피의 상품들을 전문적으로 배송하는 서비스를 제공해온 스타쉽은 코로나19 팬데믹

이후 배송 건수가 이전 대비 약 1,000% 가까이 증가하며 최근 비대면 배달을 선호하는 기호와 배송 인력 부족 현상을 해결하는 솔루션이 되고 있다.

중국도 배송 로봇 개발에 박차를 가하고 있다. 지난 5월, 중국을 대표하는 전자상거래 기업 중 하나인 JD.com과 물류용 자율주행차량 개발 스타트업인 Neolix, 중국의 식품 배달업체 Meituan이 중국 당국의 허가를 받고 자율주행 파일럿 테스트를 본격적으로 시작했다.

물류 창고 자동화 역시 기존 대비 소규모 인력으로도 배송 효율을 대폭 높이는 효과로 인해 대표적인 물류 효율화 방안으로 주목받고 있다. 물류 창고 자동화의 핵심에는 인간 대신 창고 내 수많은 작업을 처리하는 물류 로봇과 AI 알고리즘이 접목된 기술 플랫폼이 있다.

미국의 오토가이드 모바일 로봇(Autoguide Mobile Robot) 사에서 개발한 '맥스-N 하이베이' 모델이 최근 주목받고 있는데, 이 모델은 높은 위치에 있는 선반을 처리할 수 있는 완전 자율형 지게차이다. 최대 중량 1.1톤까지 버틸 수 있는 이 모델은 화물을 최대 11m 높이까지 들어 올려 균형을 유지해 기존 사람이 위험하게 처리하는 모습을 완전 대체할 수 있다.

프라임 로보틱스(Prime Robotics)사에서 개발한 신개념 창고 플랫폼인 '오토 쉘프(Auto Shelf)'는 기존 창고 플랫폼에 비해 정확한 재고 파악 능력과 짧은 학습 시간으로 글로벌 물류시장에서 빠르게 입지를 확대하고 있는 제품이다. 이 제품은 창고 내 인력 부족으로 가장 큰 타격을 입을 수 있는 전자상거래 처리용 물류센터에 안성맞춤인데 특히 다품종 소량 물품을 처리하는 데 강점을 보인다는 점에서 인력이 부족한 현장에서의 쓰임새가 더욱 많아질 전망이다.

대한민국, 새벽배송 지고 바로배송 뜬다

현재 우리나라는 새롭게 등장한 바로배송 시장이 뜨거운 관심을 받고 있다. 바로배송 서비스는 신선식품, 식료품 등을 물류센터나 오프라인 매장에 보관하다가 주문이 들어오면 1시간 이내에 배달하는 서비스다.

이 새로운 시장에 국내 10개의 기업이 도전장을 내밀었다. 바로배송 서비스는 그동안 배달 애플리케이션 업체 배달의민족, 쿠팡이츠 등이 주도해왔다. 그런데 이 시장에 SPC그룹, CJ그룹, 오아시스 마켓, GS리테일, BGF리테일, 코리아 세븐뿐 아니라 롯데와 신세계까지 뛰어들었다. GS리테일은 '우리동네딜리버리(우딜)', 오아시스 마켓은 '브이마트', SPC그룹은 '해피크루', CJ그룹 헬스앤뷰티스토어 올리브영은

'오늘드림' 등의 서비스를 제공하고 있는 것이다.

롯데그룹은 롯데쇼핑의 통합 온라인 쇼핑몰 '롯데온'의 새벽배송 서비스(새벽에 온)를 2년 만에 중단하고 오프라인 점포를 거점으로 한 바로배송에 집중하기로 했다. 롯데쇼핑은 롯데마트몰을 통해 '2시간 바로배송', 롯데슈퍼를 활용한 '1시간 바로배송 서비스'를 운영 중이다. 롯데마트몰은 수도권 일부 지역에서만 바로배송 서비스를 운영하다가 2022년부터 영남, 강원, 충청 등에 매장을 30개로 늘려 배송 가능 지역을 늘렸다. 이에 따라 바로배송 건수가 지난 1분기에만 지난해 같은 기간에 비해 약 30% 증가했다.

롯데온은 바로배송 서비스 지역을 올해 연말까지 50곳으로 늘릴 방침이다. 롯데온 관계자는 "새벽배송 서비스는 이미 마켓컬리, 쿠팡, 오아시스 마켓, 네이버, 인터파크 등 여러 업체가 합류해 과부화 상태"라며 "롯데는 포화상대인 새벽배송과 바로배송 사이에서 선택과 집중을 한 것"이라고 설명했다. 그는 또 "특히 소비자가 주문 후 2시간 이내 제품을 받을 수 있는 바로배송의 매력은 더욱 커질 전망"이라고 덧붙였다.

신세계는 강남에 도심형 물류거점 MFC를 만들고 이마트를 활용해 바로배송 서비스 '쓱고우'를 시범 운영하고 있다. 쓱고우는 이마트 온디맨드 팀에서 내놓은 사업 아이디어로 이마트 본사가 직접 운영하는 첫 바로배송 사업이다. 이마트는 강남구 논현동 이마트 소유 5층 건물에 MFC를 만들어 신선식품, 식료품, 생필품 등 3,000여 개 상품을 1시간 내에 배송하는 쓱고우 서비스를 제공하고 있다. 쓱고우는 현재 서울 강남구, 서초구 일부 지역에서 오전 9시부터 오후 10시까지 운영한다. 배송은 배달 대행 서비스 부릉의 운영사 메쉬코리아가 맡았다. 이마트는 경쟁업체와 차별화를 위해 스타벅스 커피 배달과 와인 픽업 서비스도 도입했다.

다른 업체들도 식료품 중심에서 커피, 화장품 등으로 다양성을 추구하고 있다. 사실 오프라인 점포를 갖고 있는 업체라면 배달 대행사를 정해 사업을 늘릴 수 있어 여러 업체가 바로배송 서비스를 도입하고 있다. 현재 우리나라의 바로배송 시장 규모는 현재 5,000억 원 수준이지만 오는 2025년에는 5조 원을 넘을 것으로 전망된다.

코로나 백신까지 배달하는 '콜드 체인'

최근 '콜드 체인(Cold Chain)'이 물류업계에서 주목받고 있다. 콜드 체인이란 신선 식품부터 의약품, 혈액까지 온도에 민감한 제품군의 품질을 위해 생산·보관·유통·판매 전 과정을 저온으로 유지해주는 저온 물류 시스템을 말한다. 최근 온라인 신선 식품의 시장 규모가 확대되면서 재고 관리, 제품의 안전성 확보 등에 대한 관심이 높아지고 있어 콜드 체인 시장은 세계적으로 빠르게 성장하고 있는 추세다.

미국 시장조사 전문 업체인 리포트 링커의 발표에 따르면 2019년 콜드 체인 시장 규모는 1,527억 달러(약 184조 340억 원)에 달하고, 오는 2025년에는 3,272억 달러(약 394조 3,414억 원)로 두 배 이상 성장할 전망이다. 매년 35조 원씩 성장하는 셈이다.

농·축·수산물의 품질 변화 정도는 상품이 보관되는 온도와 시간의 경과에 의해 좌우된다. 그런데 콜드 체인은 365일 24시간 이상 원하는 온도를 유지할 수 있고 냉동, 냉장, 상온의 제품을 한 대의 트럭으로 운송 가능해서 재고 관리를 비롯한 타 물류비가 발생하지 않는다.

특히 의약품 등 온도에 민감한 고부가 가치 제품군으로 콜드 체인 시장이 확대되고 있다. 의약품은 일반 화물과 달리 상온에서 변질 우려가 있기 때문에 저온 운송, 냉장 보관이 꼭 필요하다. 이 때문에 국제항공운송협회(IATA)는 의약품 항공운송 품질 인증 'CEIV Pharma'를 도입, 의약품 운송 절차와 시설, 전문 인력, 제도 등을 평가해 인증서를 발급하고 있다. 국내에서는 대한항공과 아시아나항공, 그리고 인천국제공항이 이 인증을 갖고 있고, 물류기업 중에서는 판토스가 유일하게 보유 중이다.

의약·바이오·헬스케어 물류시장 규모는 오는 2025년까지 전 세계 물동량의 약 3.5%를 차지할 것으로 전망되면서 의약품 콜드 체인

(사진: 연합뉴스)

시장이 더 커질 것으로 보인다. 판토스 관계자는 "국내 제약기업 의약품 수출이 최근 5년간 연평균 18%의 성장세를 보이고 있다"며 "이제는 식품을 넘어 의약품 관련 시장 규모도 확대되는 추세이기 때문에 콜드 체인 시장 전망이 밝다"고 말했다.

또한 코로나19 백신의 운반에도 콜드 체인이 활용되고 있다. 백신의 항원이 기본적으로 단백질로 구성돼 있는데 기온이 오르면 이 단백질이 변질될 가능성이 높아 백신을 운반, 보관할 때는 2~8도의 온도를 유지해야 한다. 세계보건기구(WHO)에 따르면 전체 백신 생산량 중 50%가 보관과 운송 과정에서 변질돼 폐기 처분된다. 백신의 안정적인 보급을 위해 콜드 체인에 대한 수요가 늘어날 수밖에 없다는 게 업계 전망이다.

실제로 현재 DHL 코리아는 국내 백신 공장에서 생산된 코로나19 백신을 콜드 체인을 이용하여 태국 및 베트남에 지원하는 해외 운송을 도맡아 진행하고 있다. 2021년 10월 이미 태국 방콕으로 47만 도스, 베트남 호치민으로 110만 도스, 총 157만 도스를 운송했다.((주)DHL 코리아 자료 참고)

국내 기업들도 앞다투어 콜드 체인에 대한 투자를 늘리고 있다. KT가 국내 콜드 체인 전문 물류기업인 팀프레시에 투자를 했다. 무려 553억 원 규모다. KT는 팀프레시 지분 약 11.4%를 취득, 2대 주주 지

위를 확보했다.

팀프레시는 2018년 설립된 콜드 체인 전문 물류 회사로 새벽배송, 신선식품 배송을 강점으로 화물 주선, 식자재 공급 등 종합 콜드 체인 플랫폼 서비스를 제공하고 있다. 2018년 7월 서비스 론칭 이후 설립 4년 만에 월 매출 200억 원을 달성했다. 또한 냉장 및 냉동 시설을 갖춘 대규모 물류센터와 약 9,000대의 차량 네트워크를 기반으로 고객사에 물류 기능을 종합적으로 제공하는 제3자 물류(3PL) 시장에서 확고한 입지를 다지고 있다.

SK그룹은 지난 1월 콜드 체인 물류 업체인 '벨스타 수퍼프리즈'에 250억 원을 투자했다. 또한 판토스는 지난해 스위스에 본사를 둔 DKSH의 헬스케어 물류사업 부문을 인수, 냉장 물류센터를 확보했다. 현대글로비스는 중국 콜드 체인 시장에 뛰어들었다. 최근 한국농수산식품유통공사(aT)가 설립한 중국 칭다오 한국농수산식품 물류센터 운영 사업자로 들어간 것이다. 연면적 1만 3,669m²(약 4100평) 규모의 이 물류센터에는 냉동·냉장·상온 시스템이 갖춰져 있다. 한국해양수산개발원에 따르면 중국의 콜드 체인 시장 규모는 지난해 기준 3,390억 위안(약 57조 5,800억 원)으로 5년 사이 두 배 가까이 늘었다.

물류, 과거를 싣고 가는 미래형 산업

2019년 CJ대한통운이 터키 고대 유적 23개를 훼손 없이 통째로 운송한 '하산케이프 프로젝트'에 성공했다. 수력 발전을 위한 일리수 댐 건설로 수몰 위기에 처한 터키 남동부 하산케이프 지역의 고대 유적을 4.7km 떨어진 문화공원으로 옮기는 전무후무한 문화 유적 이송 프로젝트였다.

하산케이프에는 500년 이상 된 무게 1,150톤의 고대 무덤인 '제넬 베이 툼(Zeynel bey tomb)', 800년 전 터키에서 사용됐던 무게 1,500톤의 터키 목욕탕 '아르투클루 배스(Artuklu bath)'를 비롯해 인류 역사의 초기부터 이슬람 왕국에 이르기까지 만들어진 다양한 형태와 용도의 건축물들이 있었다. 특히 대형 구조물인 '키즐라 모스크'는 무게만 2,350톤에 달해 운송 난이도가 가장 높은 문화재로 꼽혔다.

CJ ICM은 '우리는 역사를 옮긴다(We Move History)'를 슬로건으로 삼고 고난이도의 문화재 운송 프로젝트에 모든 기술과 경험을 총동원했다. 문화 유적 훼손을 최소화하기 위해 고도의 기술력을 동원한 '무(無)해체 통운송' 방식으로 프로젝트를 진행했고, 전문 인력과 엔지니어들의 기술과 경험을 총동원했다.

최대한 유적을 분해하지 않고 원형을 유지한 상태에서 안전하게

(사진: 연합뉴스)

CHAPTER 3 물류 혁신, 미래 경제를 주도하다

운송하기 위해 중량물 운송에 사용되는 특수 장비인 모듈 트랜스포터 (SPMT)를 88대 이상 사용했다. 초저속 운송 과정에는 무게 중심을 맞추는 것은 물론 진동을 최소화하기 위해 다양한 초중량물 프로젝트 물류 수행 과정에서 축적한 CJ대한통운과 CJ ICM만의 각종 노하우가 동원됐다. 총무게만 무려 1만 2,063톤에 달하는 이 초대형 프로젝트는 2017년 5월 시작돼 3년 만인 2019년 12월 마무리되었다.

2020년엔 미국에서 열린 '세계 가전 전시회(CES)'에서 한국에서 미국까지 육·해·공의 이동 수단을 동원해 CJ 4D 플렉스의 '4DX 스크린' 설비를 운송해 전 세계의 주목을 받았다. 한국의 첨단 스크린 기술의 핵심인 4D 상영관을 그대로 옮긴 셈이다. CJ대한통운은 이렇게 글로벌 시장에서 '프로젝트 물류'의 다크호스로 부상하고 있다.

그런데 문화재를 이동시키고, 기술을 옮기는 이러한 작업도 물류에 들어가는지 궁금해하시는 분들이 있을 것이다. 이러한 물류는 '프로젝트 물류'라고 하는데 플랜트, 산업단지 등 대규모 공사에 필요한 모든 중량 화물과 기자재를 공사 일정에 맞춰 육상, 해상, 항공 등을 통해 선적지부터 현장까지 공급하는 물류 토털 서비스다.

CJ대한통운은 총 26개국에서 36개 이상의 대규모 프로젝트를 성공적으로 수행해왔다. 운송 계획 수립부터 해상, 항공 운송, 현지 통관 등 화물의 특성을 고려한 체계적인 프로젝트 물류 서비스를 제공하고 있다.

대한민국의 대표적인 물류 기업, CJ대한통운은 그동안 쌓아온 노하우와 발전된 과학과 기술을 접목해 역사를 지켜내고, 미래를 만들어가고 있다.

에필로그

지금 우리는 미래를 예측하기 어려운 시대를 살고 있다. 기술의 발달은 실제로 지구를 하나의 마을로 만들었고, 상상하지도 못한 전염병의 창궐이 수많은 사람의 목숨을 앗아가면서 삶에 대한 생각과 우리의 일상을 바꿔 놓았다. 이에 따라 경제 질서는 바뀌고 물류업이 최고의 호황을 누리는 시절이 온 것이다. 뿐만 아니라, 과학기술의 발전은 물류업계를 놀랍도록 성장시켰다. 과학기술이 빠르게 접목된 물류업계는 새로운 세상을 만들어 가고 있다.

앞으로 또 어떤 시대가 펼쳐질지 우리는 알 수 없다. 늘 예측하지 못한 일들이 일어나는 게 이 세상이니까. 하지만 물류업은 이 어려운 시대에 놀랍도록 성장했고, 미래를 예측하기 어려울 정도로 성장해 나가고 있다.

물류업은 과거를 신고 달리고 있으며, 현재의 어려움을 발판 삼아 한단계 올라섰다. 그리고 이제 쉼 없이 미래로 나아갈 것이다.

프롤로그에 밝혔던 것처럼 물류를 궁금해하는 일반인과 앞으로 물류업에 들어와 일하고자 하는 후배들에게 조금이나마 보탬이 되고자 이 책을 쓰게 되었다. 오랫동안 물류에 관련된 기사와 자료들을 모아 공부하며 내것으로 소화한 뒤 나의 생각과 신념을 담아 책을 쓰려고 노력했다. 그러다 보니 물류업에 종사하시는 여러 선배와 동료 분들의 생각이나 글에 영향을 받았을 것이다. 그분들께 일일이 고마움을 표하지는 못하겠지만, 이 자리를 빌어 나의 생각과 글에 영향과 영감을 주신 모든 분들께 감사의 말을 전하고 싶다.

정말 감사합니다.